Guillermo Aparicio

Lob der Pellkartoffel

Ein literarisches Kochbuch
für Deutsche, Halbdeutsche und Undeutsche

Schmetterling Verlag

Die Deutsche Bibliothek – CIP-Einheitsaufnahme
Aparicio, Guillermo:
Lob der Pellkartoffel: ein literarisches Kochbuch für
Deutsche, Halbdeutsche und Undeutsche / Guillermo Aparicio.
[Ill.: Denis Krnjaić]. – 1. Aufl. – Stuttgart: Schmetterling-
Verl., 1996
ISBN 3-89657-392-6

Schmetterling Verlag
GbR Jörg Hunger und Paul Sandner
Rotebühlstr. 90
70178 Stuttgart
Der Schmetterling Verlag ist Mitglied von aLiVe,
der assoziation Linker Verlage.

ISBN 3-89657-392-6
1. Auflage 1996
Printed in Germany

Illustrationen und Titelbild: Denis Krnjaić
Satz und Reproduktionen: Schmetterling Verlag
Druck: GuS-Druck GmbH, Stuttgart
Binden: IDUPA, Owen

Inhalt

Kein jüngstes Gericht

Manchmal wünsche ich mir einen Gott. Dann aber einen richtigen. Nicht einen lieblichen Gott und auch nicht einen aufgeklärten. Wenn, dann einen Rachegott, der sich nicht vornehm zurückhält und uns uns selbst überläßt, sondern mächtig eingreift mit Blitz und Donner und Vulkanausbrüchen. Natürlich gegen die Bösen, natürlich für die gute Sache.

Wozu der Gottesglaube, wenn er uns lehrt, daß wir letzten Endes uns selbst überlassen sind?

Ich würde mir ein großes Gericht wünschen, ein echtes Jüngstes Gericht, wo abgerechnet wird.

Da das aber offensichtlich nicht ansteht, lehne ich mich wie ein vornehmer Gott zurück und schreibe über kleine Gerichte.

Guillermo Aparicio
Stuttgart, Januar 1996

I. Lob der Pellkartoffel

E*xotisch* ist auch so ein Wort. Ich wette, die meisten von uns denken dabei an fremde Länder und fremde Menschen und verbinden damit Scharfes, Buntes, Rassiges: Scharfe Speisen, bunte Kleider, rassige Frauen... (Frauen melden sich hier zu Wort und verlangen die Erwähnung rassiger Männer. Sei es ihnen vergönnt.) An sich bedeutet exotisch nichts anderes als «von anderswo», «von außerhalb». Wenn wir also das Exotische nicht nur woanders ansiedeln, sondern es gleichzeitig automatisch mit scharf, farbenprächtig, rassig verwechseln, bezeugen wir damit, daß es bei uns ziemlich farblos, fade und unrassig zugeht, was nicht unbedingt als Eingeständnis unserer eigenen Verarmung verstanden werden soll, denn mancher sieht in dieser Farblosigkeit, Fadheit und Unrassigkeit durchaus ein Zeichen von Überlegenheit in der kulturellen Entwicklung, da nur Wilde sich gehen zu lassen pflegen. Für sie ist das Exotische höchstens für eine Gaudi oder gar für Fasching geeignet. Andere wieder, und nicht wenige, leiden unter unserer vermeintlichen oder echten Farblosigkeit, Fadheit und Unrassigkeit sosehr, daß sie nach exotischen (scharfen) Speisen lechzen, für exotische (bunte) Farben schwärmen und von exotischen (rassigen) Frauen träumen. Für sie ist das Exotische Gegenstand der Träume, vor allem der kulinarischen und sexuellen Träume. Und solche Träume sind selbstverständlich nur woanders, außerhalb unseres grauen Alltags, in exotischen Ländern oder zumindest nur mit exotischen Menschen zu verwirklichen. Und jene exotischen Genüsse sind echter, ursprünglicher, wertvoller als die unserer faden, satten, dekadenten Zivilisation... Das wahre Leben ist immer woanders. Das wahre Leben ist exotisch.

Was würden aber alle miteinander – sowohl die Verschmäher als auch die Anbeter des Exotischen – denken, wenn ich ihnen gestehen würde, für mich seien früher die *Pellkartoffeln* exotisch gewesen?

Heute sind sie es nicht mehr, denn schon seit fast einem Vierteljahrhundert schmücken die Pellkartoffeln meinen Tisch und erfreuen meinen Gaumen. Ich lernte sie aber erst vor 23 Jahren kennen, als ich in dieses Land kam. Ich lernte sie als Pellkartoffeln mit Quark kennen. Auf den ersten Biß verliebte sich mein Gaumen in jene überaus exotische Speise, wobei niemand behaupten wird, Pellkartoffeln mit Quark seien bunt, scharf oder gar rassig. Bunt, scharf und sogar rassig sind eher die unter Spanienschwärmern durchaus beliebten wilden Kartoffeln, die «patatas bravas». Daß sie bunt und scharf waren, war mir nicht entgangen, aber als exotisch hätte ich sie nie bezeichnet, denn für mich waren sie damals gewohnt, heimisch, ja beinahe alltäglich. Ein spanisches Dorf ist ja in einem spanischen Dorf gar kein spanisches Dorf. In einem spanischen Dorf wäre beispielsweise ein schwäbisches Dorf ein spanisches Dorf. Den Spaniern wird das Spanische kaum spanisch vorkommen.

Pellkartoffeln mit Quark wirkten auf mich ganz und gar exotisch. Meine Mutter, wenn sie mal die Kartoffeln mit Pelle kochte, wäre nie auf die Idee gekommen, sie mit Pelle zu servieren. Da hätte jemand argwöhnen können, sie wäre als Hausfrau zu faul, sie zu schälen. Und eine Hausfrau hatte als erstes fleißig zu sein. Fleißig und sauber. Nicht viel anders also als in deutschen Landen. Deutsche Hausfrauen servieren aber bekannterweise gerne ungeschälte Kartoffeln, was darauf schließen läßt, daß sie nicht gar so fleißig sind wie die spanischen Hausfrauen oder zumindest nicht gar so fleißig wie meine Mutter, die immer wußte, was sich für eine richtige Hausfrau gehört: Daß der Mann beispielsweise im Haushalt keinen Finger krumm zu machen hat. Sie klagte zwar darüber, daß mein Vater selig sich nur bedienen ließ und im Haushalt nie einen Finger rührte, wenn aber mein Vater selig gegen die Überbedienung durch meine Mutter zu rebellieren versuchte, wurde er von seiner mit Selbstbewußtsein reichlich ausgestatteten Frau so viel wie zur Schnecke gemacht.

Wen wundert's, daß mein Vater selig sich jener unseligen Übermacht ergab und sich von ihr immer nur bedienen ließ?

Aber ungeschälte Kartoffeln kriegte er nie auf den Tisch. Meiner Mutter sowieso nicht und sonst auch keiner der spanischen Frauen, die ich in Erinnerung habe, wäre es im Traum eingefallen, ungeschälte Kartoffeln aufzutischen. Und so blieben mir die Reize der Pellkartoffel verborgen und verwehrt, solange ich mich im unexotischen Spanien aufhielt. Ich mußte erst ins exotische Deutschland kommen.

Als Pellkartoffeln mit Quark liebe ich sie immer noch. Mit angemachtem Quark. Angemacht mit Zwiebeln, deren aber nicht zu viele, denn die hiesigen Zwiebeln sind arg scharf und dominieren zu sehr. Etwas Salz und eine Prise Pfeffer sorgen für Leben im Geschmack. Milch macht den Quark flüssiger und etwas Sahne cremiger. Und sonst gar nichts. Nur hie und da erlaube ich mir eine «exotische» Variante: Durch einen Löffel Olivenöl erhält die Quarkmischung eine eigenwillige, durchaus undeutsche Note.

Dieses Gericht gehört zu den vollkommenen Gerichten, die jede modische Erneuerung und jede kulinarische Revolution überdauern werden. Verblüffend einfach und völlig abgerundet. Daß es auch noch leicht, nahrreich und sogar billig ist, macht den Geschmack zwar nicht besser, aber schaden tut es ihm auch nicht.

Neulich entdeckte ich, daß ich diese Vorliebe für die Pellkartoffel mit Ringelnatz teile, der eine richtige Liebeserklärung an «Pelka» dichtete:

Abschiedsworte an Pelka

Jetzt schlägt deine schlimme Stunde,
Du Ungleichrunde,
Du Ausgekochte, du Zeitgeschälte,
Du Vielgequälte,
Du Gipfel meines Entzückens,
Jetzt kommt der Moment des Zerdrückens

Mit der Gabel! – Sei stark!
Ich will auch Butter und Quark
Oder Kümmel, auch Leberwurst in dich stampfen,
Mußt nicht gleich so ängstlich dampfen.
Ich möchte dich doch noch einmal erfreun,
Soll ich Schnittlauch über dich streun?
Oder ist dir nach Hering zumut?
Du bist ein so rührend junges Blut.
Deshalb schmeckst du besonders gut.
Wenn das auch egoistisch klingt,
So tröste dich damit, du wundervolle
Pelka, daß du eine Edelknolle
Warst, und daß dich ein Kenner verschlingt.

Ein guter Bekannter aus dem Allgäu allerdings haßt dieses von mir und Ringelnatz so gepriesene Gericht. Er sehe schon alles ein, was ich zu dessen Lobpreisung vorzutragen habe, aber einen durch nichts auszugleichenden Nachteil hätten die Pellkartoffeln mit Quark: Dazu lasse sich kein Bier trinken. Und er hat recht. Ich habe es mal mit Bier versucht, nur um ihm zu widersprechen. Aber er hatte recht, Bier und Pellkartoffeln mit Quark vertragen sich fast sowenig wie Kaffee und Salz – wegen des Quarks wahrscheinlich. Milch sollte man dazu trinken, frische Milch oder Buttermilch. Wobei wir wieder bei einem für mich früher völlig exotischen Getränk gelandet wären, bei der Buttermilch nämlich, die ich inzwischen nicht unbedingt liebe, mit der ich aber hie und da vorliebnehmen kann, ohne zu sehr die Nase zu rümpfen vor so viel Exotik.

Auch ganz schlichte Pellkartoffeln mit Butter und Salz bereiten mir in diesem exotischen Deutschland große Gaumenfreuden. Etwas Käse dazu, Backsteinkäse zum Beispiel oder Raclette, erhöht den Genuß beträchtlich, obwohl nicht immer, denn eine gute Pellkartoffel, fest und schön warm, kann schon mit etwas Salz und Butter einen ganzen Sonntagsbraten vergessen lassen.

Spätestens jetzt würde sich meine Mutter wieder zu Wort melden und mich des Schmarrens bezichtigen, denn «wir sind nicht mehr arm» und «die Nachkriegszeit (gemeint ist die spanische, nicht die deutsche Nachkriegszeit, also nach 1939) ist zum Glück vorbei».

Meine Mutter hat sehr feste Ideen. Eßgewohnheiten, die sie an unsere frühere Armut erinnern, mag sie gar nicht, und Exotischem gilt nicht unbedingt ihre Vorliebe. Vielleicht deswegen hat sie mich nie in Deutschland besucht. Nicht wegen der Pellkartoffeln, sondern wegen der Exotik dieses Landes.

II. Beim Einkaufen beginnt das Kochen

Das Kochen beginnt beim Einkaufen. Eine Binsenwahrheit. Die Freude am Kochen beginnt also mit der Freude am Einkaufen. Noch eine Binsenwahrheit.

Die Frage drängt sich also auf, ob jemand, der am Einkaufen keine Freude verspürt, Freude am Kochen verspüren kann. Kaum, wage ich zu behaupten. Wer aber am Kochen keine Freude verspüren kann, wird kaum verführerisch kochen können. Mehr als ein korrektes Essen kann ich mir bei freudlosen Küchenarbeitern nicht vorstellen.

Ein korrektes Essen? Welch ein trostloser Gedanke! Ich kenne Menschen, die korrekt kochen, wie sie auch ein Formular korrekt ausfüllen. Und so schmeckt dann auch so ein korrektes Essen, korrekt, mit Vordruckgeschmack. Zwischen einem korrekten und einem verführerischen Essen besteht ein Unterschied wie zwischen einem Antrag auf Lohnsteuerjahresausgleich und einem schönen Gedicht.

Ich bin bei weitem nicht der erste, der das Kochen mit dem Dichten vergleicht oder mit dem Komponieren. Zum ersten Mal kam ich allerdings im Jahre 1969 auf die Idee, die Kochkunst als schöne Kunst zu bezeichnen, und zwar in Madrid, wo ich mit einem Freund an der Theke einer kleinen Kneipe saß, deren «tapas» es mir besonders angetan hatten. Verdutzt reagierte der Mann hinter der Theke, gleichzeitig Koch, als ich ihm zu seinen Kunstwerken gratulierte; noch verdutzter, als ich hinzufügte, ein Besuch in seiner Kneipe würde mir mindestens soviel Kunstgenuß verschaffen wie ein Besuch im benachbarten Museo del Prado. Er fand es übertrieben.

Selbst meine Frau, die immer wieder meine Behauptungen zu relativieren versucht, indem sie auf meinen Hang zur Übertreibung hinweist – einen der wenigen Charakterzüge, die mich angeblich immer noch als temperamentvollen Südländer ausweisen

– selbst meine Frau findet diesen meinen Vergleich des Kochens mit den schönen Künsten nicht überzogen. Und das hat was zu bedeuten.

Nun mal davon abgesehen, ob ich einen Hang zur Übertreibung besitze und ob wir Südländer so temperamentvoll sind, wie die ach so sachlich kühlen Nordländer behaupten, behaupte ich, daß die schöne Kunst des Kochens beim Einkaufen beginnt.

Folgerichtig lasse ich mir nur selten das Einkaufen nehmen, und das nur bei Waren, die auf Vorrat zu kaufen sind oder bei Milch, Quark und Butter, nie beim Fleisch, beim Fisch, beim Gemüse oder beim Salat. Beim Obst schon eher, denn mit Obst koche ich praktisch nie.

Meine Freude am Einkaufen kennt zwei Grundformen: Entweder gehe ich mit einem klaren Konzept im Kopf einkaufen und suche nur nach den dazu gehörenden Rohstoffen, oder ich gehe ohne ein Konzept einkaufen, lasse mich von dem inspirieren, was angeboten oder sonderangeboten wird; ich gehe sozusagen auf Motivsuche. Diese zweite Form ist bei mir die übliche, erstens, weil sie amüsanter ist und zweitens, weil sie billiger kommt.

Amüsanter ist sie allemal, denn, wenn ich nichts Bestimmtes suche, lasse ich mich von der ganzen Vielfalt des Angebots ansprechen, bin für die Nuancen, für die Unterschiede und für die Neuheiten offen und komponiere dabei im Kopf und im Gemüt die schönen Funde zu einem Ganzen, in Vorfreude auf das sinnliche Vorspiel des Kochens, dem die sinnliche Vollendung des gemeinsamen Essens folgen wird. Denn gemeinsam muß das Essen schon sein, soll es seine eigentliche Sinnlichkeit entfalten. Alleine essen kann auch schön sein, ist aber eine Notlösung und sollte eine Ausnahme bleiben. (Um jenen Menschen, die behaupten, ich würde immer nur an das Eine denken, keine Argumente zu liefern, überlasse ich es hier den klugen Leserinnen und Lesern, Parallelen zu anderen Bereichen der Sinnlichkeit zu ziehen.)

Als Motivsuche praktiziert ist das Einkaufen amüsanter als die Suche nach ganz bestimmten Rohstoffen und Zutaten. Amüsanter und billiger, denn diese Methode erlaubt, die Launen des Marktes auszunutzen, worüber sich dann das Portemonnaie freut, denn ein sensibles Portemonnaie weiß sehr wohl zwischen DM 8,30 und DM 11,40 pro Kilo zu unterscheiden. Nicht weil teurer, deswegen besser, sage ich mir immer wieder in Abwandlung eines Spruches, den ich zur freudigen Überraschung meines damals von strengen Moralvorstellungen geplagten jungen Gemüts im berühmten Werk «De civitate Dei» des Heiligen Augustinus entdeckte: «Non quia durius, ideo melius» – «Nicht weil härter, deswegen besser».

Ich weiß nicht, wie viele Menschen – vor allem Menschen aus christlichen und linksdogmatischen Gefilden – immer noch glauben, mit der Steigerung der Härte steige auch die moralische Qualität. Wahrscheinlich weniger als in früheren Zeiten, aber immer noch zu viele, denn immer noch gibt es zu viele Menschen, die die Pflicht und nicht die Lust in den Mittelpunkt der Moral setzen.

Wie dem auch sei, nicht weil teurer, deswegen besser. Das steht für mich fest. Und das beziehe ich nicht nur auf die Waren selbst, sondern genauso auf die Läden und Kaufhäuser. Das wissen übrigens alle, die regelmäßig die Pflicht des Einkaufens auf sich nehmen müssen, ebenso gut wie alle, die das Glück haben, die Pflicht des Einkaufens in das Vergnügen der Motivsuche umwandeln zu können. Denn die Lust jeden Spiels beginnt beim Vorspiel und die Freude beginnt bekannterweise bei der Vorfreude.

III. Tortilla

Spanische Omelette
Eine köstliche Nottugend

Die einfachsten Rezepte sind nicht immer die leichtesten, dafür schmecken sie in der Regel unübertrefflich. Einfachste Zutaten werden dabei mit viel Geduld und Fingerspitzengefühl verarbeitet. So die spanische Omelette, die aus nichts anderem besteht als aus Kartoffeln, Zwiebeln, Eiern, Öl und Salz.

Ich habe immer vermutet, daß dieses einfachste Rezept ein Kind der Not ist, ein Beweis für die Zauberkunst von Hausfrauen aus bescheidenen bis armen Verhältnissen, die Tag für Tag mit den einfachsten Mitteln ihre Männer und ihre Kinder nicht nur füttern, sondern auch noch einigermaßen befriedigen wollten oder mußten. Und so ist wahrscheinlich die erfinderische Not jene Zutat, die so etwas Anspruchsloses wie ein paar Kartoffeln, ein paar Eier, ein paar Zwiebeln und etwas Salz mit den einfachsten Mitteln einer Gabel und einer Pfanne in einen Leckerbissen verwandelt. Erfinderische Not und Zeit. Ich fürchte, diese letzte Zutat ist immer schwieriger zu kriegen. Wer macht sich schon die Mühe, Kartoffeln, Zwiebeln und Eier mit viel Geduld zu einem Ganzen zu verarbeiten, wenn es jederzeit möglich ist, ein Schnitzel in die Pfanne zu hauen, während im Schnellkochtopf Salzkartoffeln im Nu gar werden?! Schnell gekauft, schnell gekocht, schnell gegessen, damit genug Zeit übrigbleibt... nein, nicht für die Liebe, für die Glotze. «Das Kochen und das Essen müssen wir rationalisieren» – posaunte mal ein Nachbar aus dem Nebenhaus, der sowieso schon nur Nudeln frißt.

Mein schönstes Erfolgserlebnis mit einer spanischen Omelette hatte ich bei meiner eigenen Hochzeit, vor vielen Jahren in Berlin. Beim Standesamt waren nur wir zwei und unsere Trauzeuginnen anwesend gewesen. Der Standesbeamte hatte uns gefragt, ob wir uns eine lange Rede, eine kurze Rede oder gar keine Rede wünschten. Wir hatten uns eine kurze Rede gewünscht. Gemeinsam mit unseren Trauzeuginnen waren wir dann durch den winterlich kahlen Volkspark nach Hause gelaufen. Zu Hause kochte ich für uns vier. Das Hauptgericht war eine spanische Omelette, etwas völlig Neues für unsere Trauzeuginnen. Eine von beiden war die Tochter eines Metzgers aus Hannover. Und ausgerechnet jene Metzgerstochter sagte mir, jene spanische Omelette sei das Delikateste gewesen, was sie in ihrem ganzen Leben gegessen hätte.

Natürlich will ich niemandem empfehlen, bei der nächsten Hochzeit eine spanische Omelette auf die Speisekarte zu setzen. Aber es würde sich lohnen, sich mal daran zu machen, mit viel Ruhe und etwas Zeit. Einfach so, ohne besonderen Anlaß:

Zutaten:
Eine große Kartoffel pro Person, am liebsten etwas mehlig. Ein Ei pro Person. Eine nicht zu große aber auch nicht zu kleine Zwiebel pro Kartoffel. Öl – nicht das billigste Öl, aber nicht unbedingt Olivenöl. Salz nach Geschmack.

Und so wird es gemacht:
Schon die Pfanne entscheidet über Gelingen oder Mißlingen. Eine Pfanne, die klebt oder anbrennt, kann mich bei diesem Gericht zum Wahnsinn treiben. Also eine bewährte Pfanne nehmen, groß genug, daß alles leicht Platz hat und das häufige Wenden erleichtert wird.

Sich also zunächst vergewissern, daß eine solche Pfanne vorhanden ist. Sonst lohnt es sich nicht, überhaupt anzufangen.

Die Kartoffeln schälen und etwa zwei Millimeter dick, zwei Daumennägel groß schneiden. Die Zwiebeln schneiden, ruhig ziemlich grob. Beides mischen und salzen.

Öl in der Pfanne erhitzen, nicht zu heiß und auch nicht zuviel Öl. Manche lassen die Kartoffeln fast im Fett schwimmen. Mir ist dann die Omelette zu fett. Ich nehme ziemlich wenig Öl, wende aber dafür die Kartoffeln und Zwiebeln sehr häufig in der

Pfanne, um das Anbrennen zu verhindern und ein gleichmäßiges Garen zu erreichen.

Kartoffeln und Zwiebeln also unter häufigem bis ständigem Rühren und Wenden gar werden lassen. Gar werden lassen meint in diesem Fall einen Zwischenzustand zwischen braten und kochen.

In der Zwischenzeit schlage ich die Eier in einer ziemlich großen Schüssel. Die gar gewordene Masse aus Kartoffeln und Zwiebeln mische ich dann gründlich mit den geschlagenen Eiern in der Schüssel. Eine Weile lasse ich diese Mischung ruhen, denn ich muß die Pfanne von allen festen Resten befreien oder sie sogar wieder ganz säubern. Mit einer kleinen Menge Öl kommt dann die Pfanne wieder aufs Feuer, bis das Öl so heiß ist, daß ein knuspriges Backen erfolgen kann, ein Anbrennen aber ausgeschlossen ist. Ist dieser Punkt erreicht, kommt die Mischung aus Kartoffeln, Zwiebeln und Eiern in die Pfanne. Wenn alles geklappt hat, bildet sich dabei unten eine festere Schicht, golden und fast knusprig, während sich das Innere etwas festigt.

Nun ist der kritische Augenblick gekommen: Wie beim Pfannkuchen muß man das Ding wenden, was hier leider nicht so leicht ist wie beim Pfannkuchen. Die Profis schaffen es, indem sie mit einer geschickten Bewegung aus dem Handgelenk das Ganze in die Luft werfen, um es in der Luft wieder in der Pfanne aufzunehmen, mit der fertigen Seite nach oben. Den Nichtprofis, zu denen ich mich selbst zähle, ist das nicht zu empfehlen, außer Sie sind scharf auf einen heißen Hut. Ich nehme ganz brav einen Teller, stülpe ihn über die Pfanne, drehe Teller und Pfanne vorsichtig um und lasse die halbfertige Omelette mit der fertigen Seite nach oben vom Teller in die Pfanne gleiten, wo ich wieder etwas Öl habe heiß werden lassen. Jetzt wird die andere Seite golden und etwas knusprig, während sich das Innere weiter festigt.

Und es ist geschafft. Die fertige Omelette wird jetzt vorsichtig herausgenommen – entweder mit Hilfe eines darauf gestülpten Tellers wie vorhin oder indem man die Omelette auf einen Teller gleiten läßt. Gleich servieren oder kalt werden lassen. Viele mögen es kalt.

Zum Servieren schneide ich die Omelette ähnlich wie eine Torte. Dazu paßt ein grüner Salat sehr gut. Ein dicker, herber Rotwein rundet den Genuß ab. Auf jeden Fall Brötchen oder Baguette. Gesundes Vollkornbrot schändet dieses Gericht.

PS. Am besten ist es natürlich, Sie gucken zu, wie eine spanische Hausfrau oder ein spanischer Hausmann das Kunststück einer spanischen Omelette vollbringt.

IV. Kaninchen mit Reis

Neu waren wir in Berlin. Aus Francos Spanien kamen wir. Die einen von uns suchten Arbeit, die anderen Luft zum Atmen, die anderen Abenteuer. Ich kam zu Besuch und blieb hängen. In den Fesseln der Liebe hängen. Bis heute.

Jung waren wir. Jung und neu. Im Berlin vom Anfang der siebziger Jahre, als die Berliner den Schock der Studentenrevolte noch frisch in den Knochen spürten und jeden bärtigen jungen Mann lieb und gern über die Mauer nach Osten abgeschoben hätten. Vater Brandt war unser Vater im Himmel und Genscher unser Innenminister auf Erden. Es war die Zeit, als Asylsuchende fast ausschließlich aus dem europäischen Osten kamen und mit offenen Armen empfangen wurden. Es war die Zeit vor dem Ölschock. Und es war die Zeit vor dem Ausländerstopp. Sozialdemokratischer Zweckoptimismus beflügelte das Land und christdemokratischer Zweckpessimismus spechtete nach der Macht, um sich dann in Zweckoptimismus zu verwandeln. Es war die Zeit, als die Liberalen sich noch liberal gaben. Es war die Zeit, als die Berliner Mauer für Berliner dicht war, als die Autos an der deutsch-deutschen Grenze stundenlang warten mußten. Es war die Zeit, als die Bundesrepublik in den DDR-Nachrichten als revanchistisch beschimpft wurde. Es war die Zeit vor dem Viermächteabkommen in Berlin. Es war vor langer, langer Zeit.

Wir waren jung, hatten Kräfte und Arbeit und genossen die Stadt Berlin, jene glänzende, großzügige, internationale, schillernde Stadt Berlin. Wir arbeiteten alle, und jeden Abend nach der Arbeit kamen wir in gnädig geliehenen Räumen zusammen und lernten, jeden Abend zwei bis drei Stunden. Und wir lernten fleißig, denn die Gruppe hatte sich vorgenommen, die Grundschule und die mittlere Reife nachzuholen.

Und so verbrachten wir Abend für Abend beim Multiplizieren und Dividieren, beim Lesen und Schreiben, mit Diktaten und Aufsätzen, mit Geschichte und Erdkunde, mit spanischer und deutscher Grammatik... Und zum Erstaunen manches höhnischen Beobachters, ja sogar zu unserem eigenen Erstaunen blieben wir dabei und konnten nach wenigen Monaten die bestandene Prüfung feiern, die allen in der Gruppe den erfolgreichen Abschluß der Grundschule bestätigte.

Und dann machten wir uns ans Feiern. Am Wannsee draußen hatten wir die Küche und den Garten eines evangelischen Tagungshauses zur Verfügung gestellt bekommen.

Achtzehn Menschen waren wir an jenem Tag. Für achtzehn Menschen hatten wir Essen und Getränke eingekauft. Reichlich hatten wir eingekauft, aber eben für achtzehn Menschen. *Kaninchen mit Reis* war das Hauptgericht. Für achtzehn Menschen.

Der Sommertag in jenem fernen Jahr 1971 war strahlend. Unsere Laune auch. Unser Appetit war groß, denn mit den vielen Vorbereitungen war es spät geworden.

Ein ausländerfeindlicher Zauberer hatte sich vorgenommen, uns den Spaß zu verderben. Und er schaffte es, indem er uns eine Gruppe von aufgeschlossenen, ausländerliebenden Holländern und Deutschen schickte, die am gleichen Tag im gleichen Tagungshaus über irgend etwas fortschrittlich Christlichem brüteten und die – zu unser aller Pech – mich auch noch kannten. Und da sie wußten, daß wir Südländer so gastfreundlich sind, fanden sie keine bessere Art, uns ihre Liebe und Achtung zu zeigen, als dadurch, daß sie uns unaufgefordert die Gelegenheit gaben, uns an unserer eigenen Gastfreundschaft zu erfreuen und zu ergötzen. So luden sie sich selbst zum Essen bei uns und mit uns ein. Und hungrig waren sie auch noch, nicht nur ausländerfreundlich.

So mußten die armen Kaninchen, die für achtzehn Menschen gedacht waren, sich in die Länge und in die Breite strecken, um für dreißig Menschen zu reichen. Da es sich aber nicht um Brot und Fische handelte, sondern um ganz gewöhnliche Stallkaninchen mit Reis, geschah leider kein Vermehrungswunder und wir

mußten unseren Hunger mit dem Glauben an die Vorzüge unserer südländischen Gastfreundschaft stillen.

Künftige Feiern veranstaltete unsere Gruppe nur in Räumen, wo wir vor Überfällen ausländerfreundlicher Bürger sicher waren. Und es wurde auf solchen Festen nie wieder Kaninchen mit Reis gekocht. Und auf Vorrat wurden immer Brot und Ölsardinen gekauft.

Da ich nicht nachtragend bin, verrate ich hier sowohl Deutschen als auch Nichtdeutschen und sogar Holländern das Rezept jenes denkwürdigen Sommertages, aber nicht für achtzehn, auch nicht für dreißig, sondern nur für vier Personen.

An sich ist das Rezept so leicht, wie alle spanischen Reisrezepte im Grunde ganz leicht sind. Wichtig dabei ist immer die Ruhe, das Andünsten aller Zutaten, einschließlich Reis, doppelt soviel Wasser wie Reis, langsames Kochen, eher vor sich hin brutzeln lassen.

Zutaten:
Ein Stallkaninchen, anatomiegerecht zerstückelt. Eine große Zwiebel. Eine Paprikaschote. Knoblauch. Öl, Lorbeer, Nelke, Pfeffer, Salz. Eine ziemlich kleine Tasse Reis pro Person. Die doppelte Menge Wasser.

Ungefähr so wird es gemacht:
Die Pfanne kann ruhig groß sein. Die Kaninchenteile werden angebraten, heiß aber nicht zu sehr. Je zarter das Kaninchen, desto kürzer die Bratzeit. Auf die Seite tun. Knoblauch, grobgeschnittene Zwiebel und Paprikaschote andünsten. Nicht zu weich werden lassen. Die Kaninchenteile wieder hineingeben. Eine Weile alles zusammen dünsten. Den Reis dazu. Schön wenden, bis auch der Reis glasig wird, was übrigens schnell passiert, wenn fleißig gerührt und gewendet wird. Lorbeer, Nelke und Pfeffer dazu. Das fast kochende Wasser darüber gießen. Etwas rühren und schütteln, daß sich der ganze Inhalt gleichmäßig verteilt. Salzen. Etwas Curry schadet nicht. Köcheln lassen. Aufpassen,

daß es nicht wild kocht, denn dann verdampft das Wasser zu rasch, ohne daß der Reis gar wird. Nach etwa 25 Minuten abschalten und ruhen lassen. Mit einem leichten Salat, grün oder gemischt aber ohne schwere Bestandteile, servieren. Baguette dazu.

Und Wein? Wenn ich einen spanischen *Rioja* oder einen portugiesischen *Dao* habe, ist die Frage überflüssig. Gegen italienische und französische Rotweine habe ich auch nichts, obwohl der Aufpreis sich häufig nicht in einem höheren Geschmack widerspiegelt.

Eine leichte, fruchtige Nachspeise ist eine schöne Abrundung.

Vor unangemeldeten Gästen wird eindringlich gewarnt!

V. **Muscheln**

Heute will ich mich wieder dem Exotischen widmen. Und zwar mit einem Paradebeispiel. Paradebeispiel des Exotischen für meine geliebten Schwaben jedenfalls, denn für mich als ehemaligen Nordspanier sind sie ganz und gar nicht exotisch. Sie waren in meiner Kindheit, wenn nicht Alltag, so doch durchaus üblich: Ich meine die *Muscheln*, und zwar die *Miesmuscheln*. Andere Muscheln, so die hier als Venusmuscheln bekannten, waren bei uns in der Familie und in unserer Umgebung wenn nicht exotisch, so doch ungewohnt, denn sie waren arg teuer, während die Miesmuscheln sich demokratisch bis proletarisch verhielten. Und sie tun es immer noch. Bei meinen letzten Besuchen in Spanien habe ich feststellen können, daß sie nicht, wie die meisten Lebensmittel, mitteleuropäische Preishöhen erklommen haben. Ein Glück, daß es noch Lebewesen gibt, die sich der Mitteleuropäisierung widersetzen.

Gegessen wird aber die Miesmuschel mittlerweile auch in Mitteleuropa, ja sogar in meiner schwäbischen Zufallsheimat. Gerne hätte ich das Gesicht des ersten Schwaben gesehen, dem Miesmuscheln aufgetischt wurden. Wahrscheinlich dachte er, es wären Kutteln in Schalen. Wie Nudeln oder Kartoffeln sehen sie tatsächlich nicht aus. Ein guter Freund von mir, ein waschechter Schwabe, ein neugieriger und weltoffener Schwabe allerdings, verzieht immer noch den Mund beim Anblick von Muscheln, Krabben und ähnlichem Kleingetier. Für ihn sind das immer noch «Viecherle». Und von solchen Viecherlen hält er gehörigen Abstand, denn wer weiß, ob sie nicht doch beißen. Exotisches zieht nicht immer und nicht jeden an, es macht auch Angst. «Was der Bauer nicht kennt» gilt nicht nur für Bauern, es gilt ebenso für manchen Städter, vor allem für Städter aus Städten, die bekannterweise als große Dörfer gelten, wie böse Zungen von Stuttgart behaupten – zum Leidwesen jener Häuptlinge, die aus der dörflichen Hauptstadt des Schwabenlandes im Eilverfahren eine Weltstadt zaubern möchten.

Also, sogar im weltoffenen Dorf Stuttgart kann man Miesmuscheln kaufen. Leichter zu kriegen sind die Nordseemuscheln, gesäubert und geputzt, dafür aber ziemlich klein. Seltener sind die spanischen und französischen, seltener und größer, dafür aber ungeputzt. Ich kaufe mal die einen, mal die anderen, je nachdem, wieviel Zeit und Lust ich habe, die umständliche Arbeit des Säuberns und Putzens auf mich zu nehmen. Eine sehr harte Bürste und ein Messer sind notwendig. Und viel fließendes Wasser. Offene und kaputte Muscheln werden erbarmungslos weggeschmissen.

Sonst sind Miesmuscheln in der Zubereitung alles andere als umständlich. Ich mag die einfachsten Rezepte am liebsten, jene nämlich, die den Geschmack respektieren und ihn nicht hinter tausend Gewürzen und Saucen verstecken. Vorzüglich schmekken sie schon einfach in Dampf gekocht: Für ein Kilo nehme ich etwa eine halbe Tasse Wasser mit etwas Lorbeer, etwas Pfeffer und vielleicht etwas Sellerie. Je nach Größe lasse ich sie einige Minuten im Dampf garen, um sie dann gleich zu servieren, ohne viel Drum und Dran. Ein kühles Bier oder ein kalter, trockener Weißwein passen gut dazu.

Nicht selten vergönne ich mir – sogar für mich alleine, obwohl ich äußerst selten in Kochlaune gerate, wenn ich für mich alleine kochen soll – ein Geheimrezept, verblüffend einfach und verblüffend schmackhaft. Ich habe es von meiner Mutter. Sie hat es oft sonntags gemacht.

Muschelreis:

Ein paar Zwiebeln (lieber mehr als weniger) werden weder fein noch grob geschnitten und mit etwas Knoblauch und einigen Pfefferkörnern in nicht arg zu viel Öl in einem breitbödigen Topf leicht gedünstet. Eine große Tasse Reis kommt hinein und wird gewendet, bis alle Körner etwas vom Fett abkriegen. Zwei Tassen heißen Wassers, Lorbeer oder Sellerie dazu und dann etwa anderthalb Pfund Muscheln, wenn das Wasser zu kochen anfängt. Die Muscheln schön verteilen und einfach kochen bzw. köcheln lassen. Reis darf sowieso nie draufloskochen. Je langsamer, desto besser. Nach etwa 20 bis 25 Minuten ist es gar. Der Reis ist etwas bis ziemlich feucht, was aber kein Fehler ist. Ich lasse es dann noch circa fünf Minuten ziehen, gerade richtig, um den Tisch zu decken und das Bier bzw. den kalten Weißwein zu öffnen und einzuschenken. Ein einfacher Grünsalat mit einer einfachen Sauce aus Salz, Essig und Olivenöl paßt gut dazu.

Ich wollte schon guten Appetit wünschen, da fällt mir ein, daß es nicht für jede und jeden selbstverständlich sein dürfte, daß die Muscheln ungeöffnet in den Topf kommen, daß sie sich drinnen von alleine öffnen und daß es gar nicht unschön ist, sie einfach in der Schale zu lassen, und daß es nicht ungehörig ist, die ganzen Muscheln mit der Hand vom Teller zu nehmen, die eine leere Schale abzutrennen und das im anderen Schalenteil liegende Viecherle einfach herauszuzuzeln. Unter den feinen Menschen gibt es auch welche, die sich dabei eines Messers und einer Gabel bedienen. Sei es ihnen gnädigerweise vergönnt, denn anständiger ist es schon, aber schmackhafter ist es allemal mit bloßen Händen. Servietten sind nämlich nicht nur als Tischdekoration gedacht.

VI. Merluza a la gallega

Galicien hatte ich bisher immer mit *z* geschrieben. Also falsch. Und falsch hätte ich es immer noch und immer wieder geschrieben, hätte mir mein begründetes Mißtrauen gegenüber meinen eigenen Deutschkenntnissen nicht dazu geraten, vorsichtshalber und für alle Fälle im Duden nachzuschauen. Das tat ich, und der fast alles wissende Duden belehrte mich wieder einmal eines Besseren. Galizien schreibe sich auch mit z, dann sei aber das Galizien als «Gebiet nördlich der Karpaten» gemeint, mir bekannt durch einige Juden aus Galizien, die – wie Joseph Roth – zum Besten der deutschsprachigen Literatur dieses Jahrhunderts gehören. Allerdings räumt der großzügige Duden ein, wenn Gali*z*ien dasteht, könne auch das andere Gali*c*ien gemeint sein, nämlich eine «historische Provinz in Spanien». Ich muß gestehen, als ich das las, empfand ich eine diebische Freude, denn ich ertappte den fast alles wissenden Duden bei einem Fehler, da ja Galicien, wie jedes kleine Kind in Galicien weiß, keine Provinz ist, sondern eine ganze Region, die aus nicht weniger als vier Provinzen besteht, aus La Coruña nämlich, aus Lugo, aus Orense und aus Pontevedra. Und groß ist jene Region, so groß wie Belgien. Und wunderschön ist sie auch noch. Was nur wenige Touristen wissen. Zum Glück, denn sonst wäre es bald aus mit der Schönheit jener Region im äußersten Nordwesten Spaniens, von Portugal durch den Fluß Miño getrennt, bergig, grün, mild, feucht, vom Atlantik und vom Kantabrischen Meer umspült, von lebensbejahenden Menschen und Hexen bewohnt. Nein, Galicien ist nicht meine Heimat, um mit dem gängigen Klischee zu reden, oder: ich komme nicht aus Galicien, um es neutraler auszudrücken. In meine Lobeshymne mischt sich also nicht der geringste Chauvinismus. Ein Paradies, das Paradies sogar könnte Galicien sein, aber hauptsächlich wegen mittelalterlicher Besitzverhältnisse konnten viele Menschen dort nicht mal überleben.

So wählten schon immer viele Galicier den bitteren Weg der Auswanderung. Südamerika war ihr Hauptziel. So viele, daß die Spanier in einigen Ländern Südamerikas heute noch «gallegos», also Galicier genannt werden. In den fünfziger Jahren unseres Jahrhunderts war Mitteleuropa das Hauptziel jenes Stromes von Galiciern, die trotz ihrer sprichwörtlichen Heimatverbundenheit eine andere Heimat zu ihrer neuen Heimat machten. Ein guter Teil der spanischen Einwanderer in der Wunderrepublik kommt ja auch aus Galicien.

Ich selber komme aus Kastilien, und in Kastilien werden die Galicier nicht unbedingt verwöhnt, sondern eher verhöhnt, was nicht unbedingt für die Flexibilität der «castellanos» spricht. Aber das bringt uns zu weit weg von unserem im Grunde doch kulinarischen Thema. Obwohl ich also aus Kastilien komme, liebe ich Galicien, seine heitere Grundstimmung, seine Landschaften, seine Sprache und – sowieso – seine Küche, vor allem aber seine Fischküche. Ein Fachmann bin ich noch lange nicht, aber trotz oder vielleicht auch wegen meines beschränkten Wissens in Sachen Küche aus Galicien ist mein Lieblingsgericht aus dieser Küche ein ganz schlichtes, welches auch schon in der Bezeichnung seine Herkunft verrät: *Merluza a la gallega.* «A la gallega» bedeutet einfach «nach der Art Galiciens». Was *merluza* bedeutet, ist nicht ganz so einfach zu vermitteln. Es ist ein Fisch, ein Seefisch, ein ziemlich großer Seefisch aus tieferen Gewässern. *Seehecht* steht im Lexikon. Wer sich was darunter vorstellen kann, soll sich was darunter vorstellen. Als Hilfe kann ich sagen, daß der m*erluza* dem Schellfisch nicht ganz unähnlich sieht, aber auch nicht so ganz richtig ähnlich. Und das Fleisch der *merluza* ist viel feiner, ungleich schmackhafter. Aber immerhin in etwa ähnlich. So können wir auch in diesem vom Fisch nicht unbedingt verwöhnten Deutschland uns eines Schellfisches oder eines Kabeljaus bedienen, um das Fischgericht aus Galicien auf unsere Art und Weise nachzumachen. Es lohnt sich. Ich habe es selber probiert. Das Ergebnis läßt sich sehen und sogar essen und genießen. Und mal wieder ist es auch noch verblüffend einfach.

Fisch nach Art Galiciens

Verblüffend einfach wie gesagt: Dazu brauchen wir Fisch (Kabeljau oder Schellfisch, zum Beispiel), Kartoffeln, süßes Paprikapulver, Knoblauch, Zwiebeln und Öl. Die Kartoffeln werden geschält, in ziemlich dicke Scheiben geschnitten (damit sie nicht zerfallen) und einfach mit einigen Zwiebelstücken gekocht. Der Fisch wird auch in ziemlich dicke Scheiben geschnitten und gekocht, einfach in Salzwasser oder in einem Sud mit Lorbeer, Pfeffer, Weißwein... Der Phantasie sind lediglich die Grenzen des Geschmacks gesetzt. Die Fischscheiben werden nur solange gekocht, bis sie durch sind, ohne zu weich zu werden, denn der Fisch soll zart werden, aber fest bleiben. In einer Pfanne wird der grob geschnittene Knoblauch gedünstet. Nicht braun werden lassen! Das Paprikapulver dann dazu. Gut aufpassen, denn das empfindliche Paprikapulver darf nicht dunkel werden. Also sofort gut umrühren und möglicherweise gleich vom Feuer nehmen. Dann einfach mit Wasser verlängern.

Auf einer großen, flachen Schüssel werden die gekochten Kartoffelscheiben locker aufgeschichtet, darauf die gekochten Fischscheiben. Darüber wird die Soße – reichlich – gegossen. Und gleich essen.

Die Frage ist, wie wir es schaffen, daß alles gleichzeitig gar wird. Zwei Kochtöpfe sind also erforderlich, der eine für die Kartoffeln, der andere für den Fisch. Wer sich mit Kartoffeln und Fisch einigermaßen auskennt, wird es nicht ganz so schwer haben, beides gleichzeitig gar zu kriegen. Die Soße ist im Nu gemacht, wenn die Zutaten schon vorbereitet sind. Das Anrichten der Kartoffel- und Fischscheiben geht auch schnell. Die Schüssel sollte etwas angewärmt sein.

Ein leichter, herber, kühler Weißwein erhöht den Genuß. Und gute Freunde dazu noch mehr.

VII. Was wird wohl der König essen?

Das Bild hätte auch im Simplizissimus erscheinen können. Nur im Simplizissimus vom Jahre 1931 hätte der darunterliegende Text nicht vom König gehandelt, denn im Jahre 1931 gab es in Deutschland keinen regierenden König mehr. Die Monarchie war kein Thema. Andere Sorgen plagten das Land. Im Anmarsch war eine Horde von Barbaren, die die wildesten Könige zu Mörderlehrlingen degradieren sollten.

«Was wird wohl der König essen?» – steht unter der Zeichnung, die 1931 in Galicien erschien, im spanischen Galicien, im schönsten Landstrich Spaniens, vom Massentourismus heute noch nicht zerstört, für den Massentourismus glücklicherweise unbrauchbar, denn die Sonne ist in jenem zauberhaften Land kein zuverlässiger Gast.

Als die Zeichnung im Jahre 1931 im spanischen Galicien erschien, herrschte in Spanien ein König. Und vieles andere herrschte auch, zum Beispiel Armut, Intoleranz, Bigotterie, Pfaffentum und vieles mehr. Im gleichen Jahr hörte der König auf zu herrschen, und kurz danach entluden sich Herrschende und Beherrschte in einem furchtbaren Krieg aller gegen alle, an den das heutige-ehemalige Jugoslawien traurigerweise erinnert. Heute, nach mehr als einem halben Jahrhundert, regiert wieder ein König in Spanien, ein Enkel von jenem König, über welchen die zwei Mädchen auf dem Bild sich Gedanken machen: «Was wird wohl der König essen?»

In meiner Kindheit herrschte in Spanien kein König mehr und es regierte noch kein neuer König. Ein armer Verwandter des großen Führers herrschte dort. Und Hunger auch, weitgehend, denn zu den Zerstörungen des Bürgerkrieges in den Jahren 1936-1939 waren auch noch die Sanktionen der Alliierten gekommen, die Franco für seine Sympathie für den großen Führer bestrafen wollten. Die große Auswanderungswelle nach Mitteleuropa hatte noch nicht angefangen. Es wurde also in Spanien reichlich gehungert, ohne König zwar, aber würdevoll.

So fragten wir Kinder uns damals nicht, was wohl der König essen würde. Wir fragten uns, *was wohl die Reichen essen würden.* Reich war allerdings für uns jeder, der nicht lohnabhängig war. Einen wahrlich Reichen gab es aber auch in unserer Stadt.

Er besaß Häuser und Fabriken und hatte zwei Töchter. Eine war schmächtig und kränklich, die andere war klein, dick und extrem sommersprossig. Mit vergnügter Schadenfreude sangen wir Kinder den Zweizeiler:

Aunque pequeña y pecosa
los millones de mi padre me harán hermosa.

Was in der Übersetzung ungefähr wie folgt klingen könnte:

Sommersprossig, dick und klein,
Vaters Knete macht mich fein.

Wir wollten weder schmächtig noch klein und sommersprossig sein, wie die Töchter jenes Reichsten unter den Reichen, aber einen reichen Vater hätten wir gerne gehabt, um wie die Reichen zu essen, denn auch wir phantasierten: *Was werden wohl Reiche essen?*

Auf Zucker kamen wir nicht, denn Zucker hatten wir genug. In unserer Stadt gab es ja eine große Zuckerfabrik, die noch den Namen ihres Gründers, eines mitteleuropäischen Juden Namens Leopold Lewin trug, nach dem auch unsere Straße hieß. Aus Leopold war eigentlich Leopoldo geworden, und Lewin hieß auch nicht Lewin, sondern Lebín. Zucker hatten wir also dank jenes Lewins genug, denn Zuckerrüben wurden in unserer Gegend massenweise angebaut. So konnten wir uns zum Beispiel eine köstliche Delikatesse leisten: Eine Scheibe Brot mit einigen Tropfen Olivenöl und Zucker drauf. Ich weiß heute noch, daß es himmlisch schmeckte. Im siebenten Himmel fühlte ich mich, wenn ich mitten am Nachmittag von meiner Mutter eine Scheibe Brot mit Olivenöl und Zucker bekam. Ich spazierte am Fluß entlang mit meiner geölten und gezuckerten Brotscheibe und fühlte mich, wenn nicht reich, so doch glücklich.

Als jene Zeiten vorbei waren und ein bescheidener Wohlstand die geölten, gezuckerten Brotscheiben von unserer Speisekarte vertrieben hatte, spürte ich immer wieder die Versuchung, mir eine geölte, gezuckerte Brotscheibe zu gönnen. Bis heute habe ich es nicht gewagt, denn ich habe Angst. Angst, einen Kindertraum zu zerstören. Ich könnte nämlich dabei entdecken, daß eine geölte, gezuckerte Brotscheibe gar nicht himmlisch schmeckt. Und dann ist es für immer mit jenem erfüllten Glück aus, welches ich noch heute spüre, wenn ich mich am Fluß spazieren sehe, jeden Biß meiner geölten, gezuckerten Brotscheibe königlich genießend.

Da wir also selber genug Zucker hatten, aßen Reiche und deren Kinder in unseren Träumen keinen Zucker, *sie aßen Hähnchen und Schinken.* Andauernd aßen Reiche in unseren Träumen Hähnchen und Schinken.

Mitte der fünfziger Jahre hörte der Traum mit dem Hähnchen auf, denn kleinere, mittlere und riesige Hühnerfabriken überzogen das Land. Durch jene Fabrikhähnchen verlor der Vogel jenen Zauber, den er in unserer Kindheit ausgestrahlt hatte, denn in unserer Kindheit waren Hähnchen Handarbeit, teure, harte Handarbeit. Teure, harte Handarbeit von Armen für Reiche. Es hieß damals, um den Reichtum eines beneideten Reichen zu beschwören: «Bei ihm wird sicher jeden Tag Hähnchen gegessen.»

Bei uns gab es Hähnchen höchstens bei Hochzeiten, weswegen wir auch unsere Träume, eines Tages auch mal in den Genuß des Hähnchenfleisches zu kommen, mit dem Traum verbanden, endlich an einer Hochzeit teilzunehmen. Lang ersehnte, langfristige Träume waren jene Träume, denn unsere eigene Hochzeit lag noch weit in künftiger Ferne und unsere Geschwister waren auch nicht wesentlich älter als wir. Selig diejenigen unter uns, die einen Onkel, eine Tante oder gar eine Kusine in heiratsfähigem Alter hatten, denn sie würden bald in den Genuß vom Hähnchenfleisch kommen können.

Ich hatte Pech, denn als meine älteste Schwester heiratete, war ich schon vierzehn. Es war schon Mitte der fünfziger Jahre, zu einer Zeit also, als die Hühnerfabriken das Hähnchenfleisch jämmerlich und endgültig entzaubert hatten. Wir bekamen zwar bei der Hochzeit meiner Schwester als Hauptgericht Hähnchen, aber durch dessen fortgeschrittene Entzauberung hielt sich der Genuß an jenem Tag sehr in Grenzen.

Auch in der Wunderrepublik Deutschland ist das Hähnchen weitgehend entzaubert, woran die Gummiadler einer berühmten Waldküche eine nicht geringe Schuld tragen. Schade eigentlich, denn trotz Entzauberung kann Hähnchen heute noch delikat schmecken, auch als Brathähnchen, aber auch mit Reis, zur Paella hochstilisiert oder einfach als Hähnchen mit Reis, so leicht zuzubereiten wie das Kaninchen mit Reis. In Navarra lernte ich vor einigen Jahrzehnten eine sehr schmackhafte Zubereitungsart kennen, die dort *Pollo al chilindrón* heißt und die ich hier vorstellen möchte als:

Hähnchen in Tomaten- und Paprikasoße

Dazu brauchen wir, wie so oft in der spanischen Küche, eine große Pfanne. Das Öl kann Olivenöl sein, aber ein anderes Öl tut es auch. Das Hähnchen sollte lieber kein mickriges sein. Wer ein ganzes Hähnchen einigermaßen fachgerecht in Stücke schneiden kann, ohne es zu verhunzen, kann ein ganzes Hähnchen nehmen. Wer damit nicht umgehen kann oder sich davor ekelt, kann das gewöhnlich freundliche und hilfsbereite Personal einer Metzgerei um diesen Gefallen bitten. Sonst gibt es auch Schenkel zu kaufen. Die Tomaten können frisch sein, dann aber richtig reif. Ob sie zunächst mit Hilfe kochenden Wassers geschält werden, ist Kochsache. Mir ist diese Enthäutungsaktion viel zu aufwendig. Eine Tomatenkonserve tut es auch. Sie hat den Vorteil, daß sie billig ist und noch dazu enthäutet. Die Paprikaschoten können grün und auch rot sein. Ich nehme lieber grüne, denn sie sind billiger und geben dann der Soße im Gegenspiel zum Rot der Tomaten ein bunteres Aussehen.

Als *Zutaten* für vier Personen nehme ich ein ganzes Hähnchen oder Schenkel nach Bedarf, ein Kilo reife Tomaten oder eine große Tomatendose, reichlich Zwiebeln grob geschnitten, zwei mittelgroße Paprikaschoten in dünnen Streifen, Knoblauch, Lorbeer, Pfeffer, eine Chilischote (bei bestimmten Gästen eben nicht!), Öl, Salz, einen Schuß trockenen Rotwein.

Zubereitung:
Chilischote eine Weile im heißen Fett wenden. Herausnehmen. Hähnchenteile anbraten und auf die Seite legen. In Scheiben oder Würfel geschnittene Zwiebeln in die Pfanne. Kurz danach auch die geschnittenen Paprikaschoten dazu geben. Andünsten. Immer wieder wenden, bis sie weich werden. Nicht aus dem Auge lassen, damit sie nicht anbrennen. Tomaten dazu geben, kurz danach die Hähnchenteile. Schön mischen, salzen, mit einem Schuß Rotwein begießen. Köcheln lassen unter ständiger Beobachtung, damit nichts anbrennt, denn die Gefahr des Anbrennens ist bei Tomatensoßen besonders groß. Meine Mutter ließ es sehr lange kochen. Mir reicht eine halbe Stunde. Geschmacksache. Pfeffern oder nicht pfeffern? Auch Geschmacksache. Unsere ältere Tochter hat es mit dem Pfeffer, sie pfeffert alles bis zur Unkenntlichkeit, ein Beweis dafür, wie gering unser Einfluß auf unsere Kinder sein kann. Ein tröstlicher Gedanke. Auch die verschiedenen Kräuter sind Geschmacksache, zum Beispiel Thymian und Oregano, die ich bei Tomatensoßen als sehr wohltuend empfinde.

Sehr warm servieren. Dazu ein kühles Bier oder einen trockenen Wein. Es muß kein anspruchsvoller Wein sein, denn das Gericht ist ziemlich deftig und verführt zum Süffeln. Baguette oder einfach Weißbrot passen gut dazu, auch und vor allem zum

Eintunken, falls die Essenden sich nicht schämen. Sollten sie sich schämen, wäre es ihnen unauffällig zu raten, diese Scham zu überwinden, denn diese Soße verleitet regelrecht zum Eintunken.

Ein bunter Salat davor oder dabei und eine leichte Süßspeise danach runden dieses deftige, schmackhafte Alltagsgericht ab, von dem wir nicht wissen, ob Könige es auch mögen. Fragen können wir sie nicht, denn hier haben wir, trotz *Königs*traßen und *Königs*bauten, keinen leibhaftigen mehr zur Hand.

VIII. Schenkel

«Zu Francos Zeiten...» Wenn ich schon damit anfange, habe ich das Gefühl, zu jener Gattung der alten Opas zu gehören, die alte Schlachten aus uralten Zeiten erzählen. Und trotzdem sind dreißig Jahre meines Lebens bei Franco, unter Franco, mit Franco vergangen. Weit mehr als die Hälfte meines bisherigen Lebens.

Zu Francos Zeiten gab es keine Opposition, das heißt, es durfte keine Opposition geben. Und so gab es keine oppositionelle Presse. Alles war durch eine strenge Zensur gleichgeschaltet. Nicht alles. Es gab eine heldenhafte Zeitschrift, eine Monatszeitschrift, die sich einiges an Kritik leistete und die oft geschlossen wurde, denn sogar der Vorzensur waren immer wieder ihre politischen Pointen entgangen. Erst nach der Veröffentlichung funkte es bei jenen nicht gerade hellen Zensoren. Und dann blieb nur die Schließung übrig. Es war eine Humorzeitschrift, die LA CODORNIZ hieß, das Rebhuhn. Sie war eine Legende zu jenen Zeiten, wo der demokratischen Vernunft keine andere Zuflucht als der schwarze Humor übrig blieb. Es ist sicher viel über den Zusammenhang zwischen Humor und politischem System geschrieben worden. In der Tat überlebte LA CODORNIZ Francos Regime nur knapp. Wenn die offene Kritik zugelassen ist, bleibt der oft doppelt und dreifach verschlüsselten Kritik gar keine Funktion und also keine Chance mehr. Und so starb das tapfere Rebhuhn kurz nach Franco.

Beliebtes Thema von LA CODORNIZ war die herrschende Prüderie, die zahlreiche Wörter aus der Alltagssprache verbannt hatte ob ihrer sexuellen Bedeutung oder ihrer Zweideutigkeit. Um so grotesker, als die spanische Sprache und der spanische Humor größtenteils von der Zweideutigkeit leben. Es wird schwierig sein, ein Wort des täglichen Gebrauchs zu finden, welches im Spanischen nicht eine sexuelle Nebenbedeutung hat.

Deswegen ist die spanische Sprache für Deutsche – vor allem für Deutsche mit ihrer sprichwörtlichen Eindeutigkeit? – ein echtes Minenfeld. Allerdings meint mancher, die Spanier würden so viel über Sex reden, weil sie ihn so wenig praktizieren. Und kein anderer als der Nobelpreisträger Cela läßt in seinem Roman über die ersten Tage des Bürgerkrieges einen weisen Mann sagen, die Ursache des spanischen Bürgerkrieges sei der Umstand, daß «die Spanier zu wenig und zu schlecht bumsen».[1]

Wie dem auch sei, das Wort Schenkel – spanisch «muslo» – bleibt bei mir mit einem Witz verbunden, der irgendwann in den sechziger Jahren in LA CODORNIZ erschien: Ein Vater aus der Mittelschicht belehrt am Tisch seinen heranwachsenden Sohn: «Mein Sohn, nicht einmal auf das Hähnchen bezogen darfst du das Wort Schenkel in den Mund nehmen.»

Nicht selten mache ich Hähnchenschenkel, mit Tomatensoße, mit Kartoffeln, mit Gemüse, mit chinesischem Einschlag, in Richtung spanischer Paella... Neulich habe ich was ganz Neues gelernt und gleich versucht: Hähnchenschenkel mit Rosinen und Kokosraspeln. Umwerfend! Hähnchenschenkel sind sowieso dankbar, vielfältig und einfach. Und schmackhaft. Sie sollten allerdings eher dicklich sein, denn sonst ist mehr Knochen als Fleisch auf dem Teller. Auch geht die sexuelle Anspielung beim zu mageren Schenkel verloren und damit ein guter Teil des Genusses.

Wahrscheinlich wird jetzt mancher sagen: «Da ist er schon wieder mit seinen sexuellen Anspielungen! Der spinnt!» Ich leugne nicht, daß ich manchmal spinne, nicht aber dann, wenn ich über die Querverbindungen zwischen Gastronomie und Sexualität sinniere.

Frauenschenkel

Mir wurde diese Querverbindung vor kurzem wieder ganz bewußt, als kurdische Freunde meine Frau und mich zum Abendessen einluden und uns ein Menü servierten, in dessen Mittelpunkt «Frauenchenkel» standen. So was ist sicher nicht auf einem prüden und auch nicht auf einem feministischen Mist gewachsen. Macht auch nichts, denn die Sinnlichkeit ist nicht deren Stärke, nicht die der Prüden und auch nicht die der Feministinnen. Die der Machos übrigens auch nicht. Sie alle haben wenig Sinn für sinnliche Feinheiten.

Jene «Frauenschenkel» seien eine Art Liebeserklärung, belehrte uns unsere Gastgeberin Muhterem, keine Feministin, dafür aber eine äußerst selbstbewußte, intelligente und sinnliche Frau. Ich weiß, das Wort sinnlich hat keine gute Presse und es gibt zu viele Menschen, vor allem im evangelischen Bereich, die um das Wort sinnlich einen großen Bogen machen, um sich am übersinnlichen Wort «besinnlich» zu ergötzen. Von mir aus. Sie wissen aber nicht, was ihnen entgeht.

Jene Frauenschenkel, die als Liebeserklärung gedacht sein sollen, haben mit Hähnchenschenkeln nichts zu tun; sie bilden eine Variante der bescheidenen Frikadelle. Aus Rinderhackfleisch, Zwiebeln, Reis und Petersilie bestehen sie. Die Zwiebeln werden sehr fein gehackt, der Reis wird vorgekocht. Die Hälfte vom Hackfleisch wird mit den Zwiebeln gedünstet, die andere Hälfte kommt roh dazu zusammen mit dem Reis und der gehackten Petersilie, mit Pfeffer und Paprika gewürzt. Die Masse wird dann geformt zu einer dünnen, länglichen Frikadelle, an der mit einiger Phantasie die Konturen eines Schenkels – eines Frauenschenkels, versteht sich – erkennbar sind. In Paniermehl und dann in Ei gewendet werden sie in Öl ausgebacken. Je größer die Intensität der Liebe, desto besser schmecken sie auch.

Bei der Gelegenheit lernte ich eine neue Art der Zubereitung von grünen Bohnen kennen, die uns als kalte Beilage zu den heißen Schenkeln serviert wurden und die ich bei der nächsten Gelegenheit selber versuchen werde: Möglichst viele Zwiebeln werden sehr klein gehackt und zusammen mit ziemlich vielen gehäuteten Tomaten kurz angedünstet. Dazu kommen die geschnittenen flachen Bohnen, die ohne Zufuhr weiteren Wassers garen sollen. Nur Salz und Zucker dazu und erkalten lassen, denn warm schmecke das Gericht nicht besonders.

Ich lade sehr gerne Gäste zum Essen ein. Und bekoche sie. Mit Vergnügen. Die Liebe und die Freundschaft enden zwar nicht im Magen, sie gehen aber bekanntlich da durch. Der berühmte Geschmackstheoretiker Brillat-Savarin[2] versteigt sich sogar zu der Behauptung, wer seine Freunde empfange und nicht persönlich für das Mahl sorge, verdiene keine Freunde. Harte Worte.

Ich bekoche gerne meine Gäste, lasse mich aber auch gerne als Gast bekochen. Und dabei lasse ich mich gerne zu unbekannten Genüssen verführen, nicht nur von Frauenschenkeln.

IX. Von Garbanzos und Kichererbsen

Ich darf annehmen, den meisten Deutschen sind heute noch die Kichererbsen so fremd, wir mir vor dreiundzwanzig Jahren der Sauerbraten fremd war, obwohl inzwischen jeder Deutsche – unsere ehemaligen Brüder und Schwestern ausgenommen – Kichererbsen zumindest zu Gesicht bekommen haben wird. Nicht nur jene exotikliebenden Deutschen, die Spezialitätenläden aufsuchen, um sich Südliches ins Haus zu holen, werden die Kichererbse vom Sehen kennen, sondern alle, die mit offenen Augen ein Kaufhaus betreten, denn weiße und rote Bohnen und auch Kichererbsen bevölkern mit verblüffender Selbstverständlichkeit die Regale aller Kaufhäuser, die etwas auf sich halten. Ganz anders war es damals, vor Ewigkeiten, als ich vor weit mehr als zwanzig Jahren heiligen deutschen Boden betrat: Außer Nudeln, Kartoffeln und Erbsen war in deutschen Ladenregalen nicht viel zu finden. Nicht einmal Reis war überall selbstverständlich. Anders heute. Schuld daran sind wieder «die Ausländer», denn ihre Unsitten haben die Ladenregale dieses Landes und das Gesicht dieser Wanderrepublik entschieden verändert. Hoffentlich gelingt es den alten und neuen Patrioten nicht, das Rad der deutschen Geschichte wieder zurückzudrehen. Würde es ihnen gelingen, würden nicht nur die Kichererbsen aus diesem Land verschwinden.

Die ersten Jahre meines Lebens in diesem holden Land habe ich kaum Kichererbsen gekocht. Nicht daß ich sie verschmäht hätte; sie sind mir einfach nicht über den Weg gelaufen. Dazu kam, daß ich am Anfang meines Lebens in diesem holden Land sehr bemüht war, mich umzustellen. So aßen wir häufig Sauerkraut, Bratwurst, Kotelett, Kartoffelbrei, Blut- und Leberwurst und sogar Kasseler, von dem ich heute so viel halte wie von einer Ledersohle in Marinade. Es kann mein Fehler sein. Meine Abneigung wird aber durch dieses Eingeständnis nicht gemindert.

In meiner Kindheit bildeten die Kichererbsen den wichtigsten Bestandteil unseres Speiseplans, falls ich meinen Kindheitserinnerungen trauen darf. Abends haben wir sie gesäubert: Auf der Tischplatte schön ausgebreitet, haben wir die schwarzen, die grünen und die gelöcherten auf die Seite geschoben. (Im Spanischen spricht man übrigens nicht nur vom «schwarzen Schaf der Familie», sondern ebenfalls von der «schwarzen Kichererbse»). Danach wurden sie ins Wasser gelegt. Einen Löffel Natron tat meine Mutter ins Einweichwasser, wenn sie wußte oder vermutete, daß jene Kichererbsensorte nicht zu der leichtkochenden gehörte. Am nächsten Morgen wurden sie gekocht. Aber darüber später.

Jetzt will ich, solange die Kichererbsen über Nacht im Wasser weich werden, mich der etymologischen Seite der Kichererbse zuwenden, die an deren Geschmack und Bekömmlichkeit zwar nichts ändert, die mich aber regelrecht fasziniert:

«Woher kommt eigentlich das Wort Kichererbse?» – fragte mich eines Tages ein deutscher Freund. «Sicher von kichern und von Erbse» – antwortete ich voreilig.

Denkste!

Ich dachte im Ernst, eine Kichererbse sei eine Erbse, die kichert. Bei diesem Gedanken mußte ich, wenn nicht kichern, dann doch schmunzeln, eine durchaus harmlose Freude, die das etymologische Wörterbuch des knorrigen Kluge mir nicht hat vergönnen wollen, denn jene schöne Hülsenfrucht, die mit ihrer kleinen spitzen Nase eindeutig kichert, heißt nur deswegen so, weil sie im Lateinischen ***cicer*** heißt. Wenn wir nun dieses *cicer* als *kiker* aussprechen, dann glauben wir auch dem klugen Kluge, denn dann haben wir eine *Kikererbse*. Eine Überraschung, wenn auch keine schöne, denn mir hatte meine amateurhafte Ableitung ungleich besser gefallen. Die Humorlosigkeit des Kluge hat unser sonst inniges Verhältnis merklich abgekühlt.

Ausgesprochen angenehm war statt dessen die Überraschung, die mir das spanische etymologische Wörterbuch bereitete: Das Wort *garbanzo* stamme von einem vorlateinischen indogermanischen Wort und sei eng mit dem Wort *Erbse* verwandt. Einleuchtend, denn *garbanzo* hieß früher *arbanzo*. Vergleichen wir nun die Konsonanten von E*rb*se und *a*rb*anzo* miteinander, so haben wir die enge Verwandtschaft beider Wörter schwarz auf weiß dokumentiert. Wenn mich diese Entdeckung freudig überraschte – regelrecht verblüfft war ich etwas später, als mir einfiel, daß die altspanische, vielerorts noch übliche Bezeichnung für Erbse *arbeja* lautet. Arbeja und Erbse sind gewiß keine Geschwister, Vettern sind sie aber allemal.

Von Etymologien wußte meine Mutter gar nichts, was sie nicht daran hinderte, auch die Kichererbse sehr gut zuzubereiten, was keine besondere Leistung ist, denn nichts ist leichter als die Zubereitung eines Eintopfes aus Hülsenfrüchten, seien es Linsen, Bohnen, Erbsen oder gar Kichererbsen. Und so halte ich es für Wichtigtuerei oder für schlichte Ignoranz, wenn um so ein einfaches Gericht wie *Chili con carne* ein Riesentheater gemacht wird, zumal der fortschrittliche, in lateinamerikanischen Rhythmen und Geschmäckern schwelgende Deutsche üblicherweise in Sachen Küche ein absoluter Banause ist, der jedes «exotische» Gericht auf eine äußerst simple Weise zubereitet: Man mache den Geschmack aller Dinge, auch der feinsten und zartesten, durch Tonnen scharfen Gewürzes unkenntlich und jubele es seinen exotikhungrigen Gästen als lateinamerikanisch unter. Mit einigen Erzählungen über die Armut und die Unterdrückung in Lateinamerika garniert, schmecken solche Gerichte vorzüglich. Aber ich bin ja nur ein notorischer Nörgler, der gerne in fremde Suppen spuckt, vornehmlich in von Entwicklungshelfern mitgebrachte Suppen.

Meine Kichererbsen haben nichts mit Entwicklungshilfe und auch nichts mit Armut oder Unterdrückung zu tun, sie sind schmackhaft und reich und lassen sich leicht zubereiten. Nicht mal würzen muß man sie – abgesehen vom Salz und vielleicht einem Lorbeerblatt und ein paar Pfefferkörnern. Entscheidend ist natürlich die Sorte. Ich behaupte, mit bloßem Auge zu erkennen, welche Sorten weich kochen und welche nicht. Schöpfe ich den Verdacht, es handele sich um eine hartnäckige Sorte, tue ich einen Löffel Küchennatron in das Einweichwasser. Das knackt jede Hülse. Das Einweichen ist nämlich die Hauptsache. Hat man das vergessen, sollte man schnell die Speisekarte ändern, selbst wenn man den Gästen hoch und heilig Kichererbsen versprochen hat, denn vorher nicht eingeweichte Kichererbsen bleiben hart, und würden sie acht Stunden kochen. Das wußte eine Berliner Freundin nicht, die uns was Gutes zu tun glaubte, indem sie uns uneingeweichte Kichererbsen servierte. Was da in unseren tiefen Tellern sich häufte, hätte sich als schwere Munition durchaus geeignet, aber damals traute ich mich noch nicht, ausländerfreundliche Freunde vor den Kopf zu stoßen. So kaute und kaute ich mit dankbarem Grinsen, bis jene schweren Geschosse einigermaßen zermalmt waren. Was auf den Tisch kommt, wird gegessen, und seien es uneingeweichte Kichererbsen.

Da wir in meiner Kindheit keinen Schnellkochtopf hatten, brauchten die kichernden Erbsen etwa drei Stunden Kochzeit oder gar länger, je nach Sorte. Im Schnellkochtopf reduziert sich die Kochzeit auf etwa vierzig bis fünfzig Minuten.

Zuerst brachte meine Mutter Wasser mit Salz, etwas Knoblauch, etwas Zwiebel, Tomate, vielleicht ein bißchen Paprikaschote (frisch oder trocken, je nach Saison) zum Kochen und tat dazu das wenige Suppenfleisch, Speck und Wurst, was ich jeden Morgen im Krämerladen des Señor Manuel, «El Gallego» genannt, zu kaufen hatte. Der Speck war der luftgetrocknete. Ich empfehle, dabei zu bleiben. Die Wurst war der spanische *chorizo*, jene in Größe und Zusammensetzung vielfältige rote Wurst, die im Deutschen als *Paprikawurst* firmieren könnte. Da diese Wurst in der Regel sehr gut gewürzt ist, braucht man die Kichererbsen nicht zusätzlich zu würzen.

Die Kichererbsen selbst kamen dann in die kochende Brühe, wo sie drei bis vier Stunden kochten, währenddessen jemand Wache halten mußte, denn am besten ist es, wenn die Kichererbsen beim Kochen nur knapp mit Wasser bedeckt sind, ununterbrochen.

Da das Wasser aber verdampft, muß jemand immer wieder nachschauen und nachgießen, immer wieder einen Schuß heißen Wassers, daß alles gerade bedeckt ist. Diese Aufpasser- und Nachgießerfunktion habe oft ich übernommen, als ich noch nicht zur Schule ging, und später in den Schulferien, wenn ich zu Hause blieb. Und oft mußte ich eben zu Hause bleiben, um auf meinen kleinen Bruder und auf den Kochtopf aufzupassen, wenn meine Mutter einkaufen ging, die dann in der Regel rechtzeitig zurückkam, um in der letzten Kochstunde ein paar große, ganze Kartoffeln hineinzutun. Geschält, versteht sich. Sie rundeten den Geschmack sehr schön ab und verliehen dem Ganzen eine sämige Note. Üblicherweise kam dann ganz am Schluß noch ein größerer Schuß Wasser in den noch kochenden Eintopf, denn mit der Flüssigkeit des Eintopfs pflegte meine Mutter traditionsgemäß eine Nudelsuppe zu machen, die wir mit großer Freude als erstes aßen, darum bemüht, nicht dabei zu schlürfen, denn, wenn schon kein Geld, Manieren hatte meine Mutter reichlich geerbt. So mußten wir Suppenschlürfer uns immer wieder mütterlicherseits anhören, am Tisch erkenne man die Wiege eines Menschen.

Nach dem Suppenschlürfen kamen die Kichererbsen selbst, fast trocken, mit dem Fleisch, dem Speck und der Wurst auf den Tisch. Jeder von uns kriegte eine größere Portion Kichererbsen und eine winzige Portion fleischiger Anteile, die wir mit viel Brot, immer und immer wieder eintunkend, aßen.

Erzähle ich das alles meinen deutschen Freunden, fragen sie mich fast automatisch: «...und der Vater bekam die größte Portion?!» Ja, manche setzen sogar voraus, der Vater habe das Fleisch, den Speck und die Wurst, wir aber nur Kichererbsen und Brot bekommen. Nein, so war es wirklich nicht. Es kam sogar oft vor, daß unser Vater uns auch noch von seiner Portion etwas gab, eine Geste, die mich heute noch vor lauter Rührung fast zum Weinen bringt.

Das wäre die einfachste Variante. Nach der Geldbörse richtete sich die Menge und Qualität des Fleisches. Huhn paßt auch sehr gut darein. Suppenhuhn, kein Hähnchen! Berühmt und besonders üppig ist der *cocido madrileño*, *Madrider Eintopf*, aus Kichererbsen und weißen Bohnen, Huhn, Suppenfleisch, Rippchen, Speck, Paprikawurst und Kartoffeln. Zustände kriege ich, wenn ich an dieses Gericht denke, denn etwas Schwereres kann ich mir kaum vorstellen. Allerdings sind solche Gerichte nicht für mich, sondern für Feldarbeiter gedacht.

Ich mache die einfache Variante. Bleibt etwas übrig, so brate ich es am nächsten Tag mit vielen Zwiebeln und etwas Tomate oder verlängere es mit Reis. Beides schmeckt vorzüglich.

Bei einem kurdischen Freund lernte ich 1971 in Berlin eine mir damals völlig unbekannte Variante kennen: Ohne Fleisch gekocht, werden die Kichererbsen zu einem Brei gestampft. Was mein kurdischer Freund darunter mischte, weiß ich nicht mehr genau. Ich mische Pfeffer, Salz, Olivenöl und etwas Zitrone darunter. Als Teil eines kalten Büfetts hat es immer Erfolg gehabt.

Die Pflanze ist ein niedriger Strauch, wo jede Frucht einzeln in einer Schote steckt. Die ganze Pflanze wird herausgerissen, wenn sie im Hochsommer schon gelblich oder gar gelb ist. Anfang August 1991 habe ich mich in einem winzigen Dorf der spanischen Hochebene an einer bescheidenen Kichererbsenernte beteiligt. Ich half einem pensionierten Verwandten, Bauer und Holzfäller von Beruf, der sich wunderte, daß ich außer schwätzen und schreiben auch was Praktisches kann und sogar mag. Wir haben die ganze Pflanze herausgerissen und sie mit der Wurzel nach oben zum weiteren Trocknen aufgestellt. Da die Menge klein war, wurden dann per Hand die Kichererbsen einzeln von der Hülse befreit.

Um anzudeuten, jemand sei noch unfertig und unerfahren, hieß es in meiner Kindheit: «Aún tienes que comer muchos garbanzos.» – «Du mußt noch eine Menge Kichererbsen essen.»

X. Ein kürbisähnliches Gemüse

Zucchino steht zunächst im Duden, es werde aber meistens in der Mehrzahl gebraucht. *Zucchini* also. Und es werde mit *k* ausgesprochen: Zu*k*ini. Zu*ch*inis sagen auch viele, die sich offensichtlich nicht der Mühe unterziehen, jedesmal in den Duden hineinzuschauen, wenn sie Ungewohntes zu sagen wagen.

Sosehr dieses Wort immer noch ungewohnt ist, der Zucchino selbst ist nicht mehr ungewohnt. Anders vor etwa zwanzig Jahren: Als ich in das damals von einer häßlichen Mauer umzingelte Berlin kam, fand ich nur in sehr wenigen Geschäften Zucchini. Und wenn, als teure Importware. Heute indessen gehört der Zucchino zur Standardsortiment jedes Hobbygärtners, ob im Hügelbeet oder einfach so, denn das exotische Zeug hat sich als ein genügsames und dankbares Gewächs erwiesen und entsprechend durchgesetzt. Es wächst und wuchert und stellt den Hobbygärtner vor das schier unlösbare Problem der Verwertung. Zum Glück gibt es im Bekanntenkreis jedes Hobbygärtners noch ein paar Unzeitgemäße, die kein Hügelbeet angelegt haben und sich gerne mit Naturalien beschenken lassen, die dann aber, wenn sie jemanden einladen, sich fragen müssen: «Sind als Antrittsgeschenk Zucchini zu erwarten?» Wenn ja, werden zucchinibringende Gäste nur in längeren Zeitabständen eingeladen, denn sonst würden die Gastgeber in den Zucchinimonaten August bis Oktober nur solches «kürbisähnliches Gemüse» in ihrer Küche zu verarbeiten haben.

«Kürbisähnliches Gemüse». Die Definition stammt aus dem Duden. Im Spanischen heißt es ja auch *calabacín*, Kleinkürbis also. Aber ein Kürbis ist dieses Gemüse trotzdem nicht. Zum Glück für mich, denn den süßlichen Kürbisgeschmack mag ich ganz und gar nicht. Ich lasse aber jedem seinen Geschmack und polemisiere nicht gegen Kürbisessende. Ich beschränke mich nur darauf, für das kürbisähnliche Gemüse zu schwärmen, während ich über den Kürbis selbst fairerweise schweige.

Trotz seiner Kürbisähnlichkeit mag ich den Zucchino sehr, denn sein Geschmack ist mild und aromatisch, ohne allerdings ins Süßliche überzugehen. Schon seit meiner Kindheit mag ich ihn, den Zucchino, denn meine Mutter machte daraus ein erstaunlich schlichtes und erstaunlich delikates Gericht. Das Wort erstaunlich bezieht sich auf die Einfachheit der Mittel und auf die Qualität des Ergebnisses, was mich selbst nicht erstaunen dürfte, denn vieles, was meine Mutter und zahlreiche Frauen ihrer Schicht und ihres Alters mit ihren mageren Geldbeuteln in ihren schlichten Küchen herzauberten, war eben erstaunlich schlicht und erstaunlich delikat. Jener Alltag war überhaupt erstaunlich, die Kunst jener Frauen war erstaunlich, die mit den einfachsten Mitteln arbeiten mußten, nicht etwa wegen der klugen Einsichten einer *nouvelle cuissine*, sondern wegen der lieben Not, die sich wieder mal als gute Ratgeberin und als Phantasieförderin erwies.

An diesem Punkt muß ich allerdings klarstellen, daß ich keineswegs zu denen gehöre, die die Not und die Armut verklären. Aber genausowenig gehöre ich zu jenen Fortschrittsfetischisten, die in jeder Erhöhung des Wohlstandes automatisch einen Vorteil sehen. Mein Ideal ist ein bescheidener Wohlstand, der uns von der Angst und von der Enge der Not befreit, ohne uns so sehr zu verwöhnen, daß wir nicht mehr in der Lage sind, die Ausnahme als Ausnahme zu erkennen, den Luxus als Privileg zu bezeichnen und das Festliche als festlich zu genießen. Ins Kulinarische übertragen, ich wünsche mir im Alltag keine *langostinos*. Ein guter *pisto* reicht mir.

Pisto hieß jenes erstaunlich schlichte, erstaunlich delikate Gericht, das mich gerade eben zu kulinarisch-philosophischen Grübeleien verführt hat. Es war, wie die meisten Gerichte aus der Gegend, in der ich aufwuchs, ein Pfannengericht:

In einer großen Pfanne wird Öl heiß – nicht zu heiß! – gemacht. Knoblauchmuffel lassen keinesfalls ein paar Zehen im nicht übermäßig heißen Öl dünsten. Dafür haben sie ihre Gründe, die ich nicht nachempfinden kann, die sie aber Raffiniertes versäumen lassen. Zwiebeln in Würfeln oder Scheiben werden in diesem nicht zu heißen Öl angedünstet. Bevor sie gar sind, kommen Paprikaschoten in dünnen Streifen dazu. Kaum haben sie angefangen, weich zu werden, folgen kleingeschnittene frische Tomaten. Der Tomaten und Paprikaschoten nicht zu wenig aber auch nicht zu viel, denn schließlich handelt es sich um ein Zucchinigericht. So müssen die Zucchini ausschlaggebend sein. Sie kommen also kleingewürfelt in die Pfanne, und das Ganze wird immer wieder gewendet, bis die vom Gemüse abgegebene Flüssigkeit selbst für genug Schmorsaft sorgt. Auf kleiner Flamme soll es dann köcheln, bis die gewünschte «Gare» erreicht ist. Zerbröselter Thunfisch kommt dann hinein, und alles wird schön vermischt. An- und abschließend gibt man geschlagenes Ei dazu. Schön mischen, bis das Ei stockt. Als Würze reichen mir Salz und ein wenig Pfeffer.

Ich höre schon die bange Frage: «*Wieviel* von jedem?» Soviel und sowenig, daß nichts dominiert und es tatsächlich ein Zucchinigericht wird.

Und *wielange*? Auch so eine heikle Frage! Meine Mutter hat das Gemüse grundsätzlich zerkocht, auch die Zucchini, eine Untugend, die ich bei allen spanischen Hausfrauen beobachten konnte, die ich kenne. Ich persönlich habe es sehr gerne *al dente*, mit Biß, nicht deswegen, weil es die *nouvelle cuissine* so verschreibt, sondern weil es mir wesentlich besser schmeckt. Es soll auch noch wertvoller sein. Meinetwegen!

Selbst die zartesten Zucchini wurden von meiner Mutter geschält. Oh Schande! Ich schäle nur jene Brummer, die am Ende der Saison eine Hornhaut angelegt haben. Bei denen entferne ich auch den Kern und die Kerne. Der Kern ist mir zu süß, und die Kerne sind zu groß und zu grob, zu kürbisähnlich eben.

Eine *Zucchinipizza* ist ebenfalls eine Delikatesse. Ich weiß nicht, wem die Ehre dieser Erfindung gebührt. Ich habe dieses Gericht jedenfalls für mich selbst erfunden, beanspruche aber keine Urheberrechte, denn die Sache ist so einfach, daß es sicher schon vielen vor mir und nach mir eingefallen ist:

Zunächst mache ich den Teig. Mit Hefe. Ich mache ihn gerne mit Vollkornmehl, am besten frischgemahlen. In den Pizzateig tue ich gerne etwas Olivenöl und ein wenig Hirsemehl, aber nur ein wenig, denn Hirse macht sonst den Teig spröde. Während der Teig gemütlich aufgeht – Gemütlichkeit ist das Geheimnis des Erfolges bei jedem Hefeteig! – dünste ich in der Pfanne Zwiebeln in Scheiben, Zucchini ebenfalls in Scheiben und etwas Tomatenmark. Nur ganz kurz, daß alles etwas weich wird. Dann lasse ich es abkühlen. Solange knete ich den Teig ein paarmal durch, daß er geschmeidiger wird. Solange reibe ich auch den Käse, der kein teurer sein muß. Allgäuer Emmentaler tut's auch. Das Backblech fette ich inzwischen ein.

Bin ich mit der Konsistenz des Teigs zufrieden, knete ich ihn wieder schön durch und rolle ihn auf dem gefetteten Blech aus. Das Gemüse aus der Pfanne – es darf nicht zu flüssig sein – verteile ich gleichmäßig über den Teig. Als Gewürze darüber reichen mir Salz, etwas Pfeffer und reichlich Majoran oder Thymian. Geriebener Käse drüber, nicht zu wenig und nicht zu viel. Und alles gleich in den Backofen, circa 200 Grad, circa 30 Minuten, je nach Konsistenz des Teiges und Beschaffenheit des Belages.

Während der Backzeit decke ich den Tisch, mache den Rotwein auf und bereite einen Bauernsalat zu. Oder ich lasse eine unserer Töchter – falls eine da ist – den Tisch decken und einen grünen Salat zubereiten, damit ich mindestens zum Zeitungslesen komme und mich freudig und genüßlich auf das Essen vorbereiten kann. Bei einem kühlen Bier, zum Beispiel.

XI. Die Beilage als Unterlage

Von Tortillas, Crepes, Pfannkuchen und Flädle

Ein Essen ohne Brot war in meiner Kindheit kein Essen: In der rechten Hand die Gabel oder der Löffel, in der linken Hand ein Stück Brot, frisches Weißbrot, einen guten Brocken, mit der Hand aus jenem größeren Stück gebrochen, das der Vater vom Leib mit dem Messer abgeschnitten und jedem von uns ausgeteilt hatte. Bei jedem Bissen war die linke Hand mit dem Brocken Brot dabei, um nachzuhelfen, daß die Speise auf den Löffel oder auf die Gabel kam, zum Nachschieben nach jeden Bissen, zum Eintunken beim Eintopf, bei der Soße, beim Salat. Bei oder nach jedem Bissen ein Brocken Brot oder mehrere gar, denn der Inhalt des Tellers mochte noch so klein sein, an Brot zum Nachhelfen und zum Eintunken fehlte es uns nicht.

Heute noch, so weit weg von meiner Kindheit und so tief in diesem Land verwurzelt, wo Aussehen und Beschaffenheit des Brotes kaum was Gemeinsames haben mit jenem frischen, knusprigen, saugfähigen Brot meiner Kindheit, heute noch funktioniert bei mir der Reflex: Zum Eintopf ist meine linke Hand verwaist, sofern sie nicht mit einem Brocken Brot nachhilft, und eine Soße, die ich nicht mit frischem Weißbrot «austunken» kann, verliert mindestens die Hälfte ihres Zaubers.

Ein himmlisches Vergnügen, das Eintunken, damals und heute auch noch.

Später habe ich gehört, die Ernährungswissenschaftler hätten herausgekriegt, wie klug diese für bessere Bürger als Unsitte geltende Gewohnheit sei: Erst neulich erzählte mir ein gebildeter Freund, den ich bewirtete, von der unersetzlichen Rolle des Getreides in einem gesunden und nahrhaften Mahl. Unsere Mütter hätten es gewußt, ohne es zu wissen, wie so vieles anderes auch.

Tortillas

Andere sind anders klug. In Mexiko und Mittelamerika gibt es die «Tortillas», ein Wort, welches, obwohl spanisch, ganz was anderes bedeutet als in Spanien. In Spanien ist eine Tortilla ein äußerst schmackhaftes Gericht aus Kartoffeln, Zwiebeln und Eiern, wozu selbstverständlich eine Menge Brot gegessen wird. Eine Tortilla in Lateinamerika ist ein Maisfladen. Deswegen heißt es auch so, *tortilla*, kleine Torte, Flädle.

Inzwischen wissen sogar manche Schwaben, was «Tortillas» in der lateinamerikanischen Bedeutung sind. Ich lernte sie Mitte der achtziger Jahre bei meinem bisher einzigen Besuch in Mexiko kennen und schätzen.

Am besten schmeckten sie mir in einem kleinen Dschungelort im Süden Mexikos, wo ich einen befreundeten katholischen Pfarrer besuchte. Er hatte mich in Palenque abgeholt, und wir waren, ohne unsere Zeit mit der Anbetung alter Steine zu verschwenden, sofort weitergefahren. Kaum im Dorf angekommen, schickten schon die Mütter ihre Kinder zu uns: Als Willkommensgabe brachten sie uns warme, in ein helles Tuch eingewickelte Tortillas. Obwohl sie mir so gut schmeckten, konnte ich sie nicht alle auf der Stelle verspeisen. Die übriggebliebenen taten mir in der Seele weh, denn am nächsten Tag schmeckten sie tatsächlich nicht mehr.

Die Zubereitung der Tortillas ist eine äußerst aufwendige Angelegenheit: Da wird der Mais gekocht, gewaschen, püriert, geknetet, geformt und auf einem Blech über dem Feuer ausgebacken. Es entstehen auf die Art ziemlich kleine Fladen, die gefüllt, bestrichen oder einfach eingerollt gegessen werden.

Ich, nachdem ich auf deren Geschmack gekommen bin, mache es mir viel leichter. Das Ergebnis kommt nicht an das Original heran, aber es läßt sich sehen und sogar schmecken: Aus Maismehl, Ei, Milch und einer Prise Salz mache ich einen ziemlich festen Brei und backe die Tortillas einzeln, wie Pfannkuchen eben, in der Pfanne aus, dünner, wenn ich sie füllen, noch dünner, wenn ich sie bestreichen und einrollen will. Nehme ich sie als

Unterlage für Gulasch, für eine Gemüsepfanne oder ähnliches, so backe ich die Tortillas entsprechend dicker aus.

Crepes

In der Bretagne lernte ich sie im Spätsommer des Jahres 1977 kennen, kurz also vor dem berühmten deutschen Herbst. Sie haben es mir nicht angetan, obwohl wir zwei zauberhafte Wochen zu einer zauberhaften Zeit im Crepeland Bretagne verbrachten. Unser Freund Helmut, ein damals noch mit einer für die Bretagne schwärmenden belgischen Adeligen verheirateter Rheinländer, schwärmte ebenfalls für die Bretagne, aber auch für die bretonischen Crepes. Schon auf dem Weg in die Bretagne hatte er uns unentwegt mit seiner Crepesschwärmerei die reinsten Gaumenfreuden versprochen und dadurch wahrscheinlich in mir eine ungesund große Erwartungshaltung erweckt.

Eines Abends wurde dann ausgegangen, zum Crepesessen, nicht einfach zum Essen. Die Begegnung mit den Crepes war für mich äußerst enttäuschend. Ich hatte mir ein richtiges Gericht vorgestellt. Statt dessen bekam ich hauchdünne Pfannkuchen – damals kannte ich das schwäbische Flädle noch nicht – hauchdünn bestrichen bzw. gefüllt. Hauchdünn war alles, nur der Preis nicht.

Mein Küchenlexikon definiert die Crepes als «hauchdünne, etwa untertassengroße Pfannkuchen aus Mehl, Milch und Ei, gefüllt mit leckeren süßen Dingen». In der Bretagne seien sie schon im 13. Jahrhundert bekannt gewesen. Crepes hießen sie vom Zeitwort *creper*, das heißt kräuseln, «weil sich die überaus dünnen Fladen beim Backen leicht wellen», und dadurch werden sie zu etymologischen Verwandten des Krepp («lockeres Seidengewebe, Krausflor»). Diese Verwandtschaft hat mir nicht das Küchenlexikon, sondern mein geliebter Kluge verraten. Mein Küchenlexikon hatte mir schon vorher verraten, es sei in der Bretagne «noch heute Sitte, daß die junge Ehefrau an ihrem Hochzeitstage eine Crepe bäckt. Gelingt es ihr, die Crepe beim schwungvollen Wenden mit der Pfanne wieder einzufangen, so wird ihre Ehe glücklich sein». Diese Auskunft erhöhte nicht meine Zuneigung für die Crepes.

Meinem Küchenlexikon verdanke ich das bretonische Creperezept: «65g Mehl, 65g Buchweizenmehl, 1 Gläschen Rum, je 1 Prise Salz und Zimt mit 1/4 l Milch zu einem dünnflüssigen Teig verarbeiten, in Butter backen, mit gezuckerter brauner Butter übergießen».

Von mir aus!

Pfannkuchen und Flädle

Auf deren Geschmack haben mich meine Töchter nach und nach gebracht. Als sie zwischen 10 und 14 waren, machten sie sich aus Mehl und Milch immer wieder auf die Schnelle Pfannkuchen und füllten sie mit Vorliebe mit Marmelade. Ich bin nur langsam nachgezogen, nahm allerdings gleich Vollkornmehl. Wahrscheinlich brauchte ich nur deshalb ziemlich lange, um diese einfache Variante der Beilage als Unterlage zu schätzen, weil sie in der Küche meiner Mutter und meiner kindlichen Heimat nicht bekannt war. Alleinherrscher war das Brot. Einmal aber durch meine Töchter auf den Geschmack gekommen, greife ich immer wieder zu dieser ganz einfachen Variante, nicht nur um Reste zu verwerten, was ich häufig tue, denn Reste lassen sich gut gewürzt sehr effektvoll in Pfannkuchen ein- und verhüllen, sondern sogar als Ersatz für Reis bei chinesisch angehauchten Gerichten. Wahrscheinlich begehe ich dadurch eine gastronomische Todsünde, für die ich den Küchengott untertänigst um Nachsicht bitte, denn, was gut schmeckt, kann in der Gaumenmoral kaum als Sünde gelten. Es sei denn, der zuständige Gott ist ein Sadist, was ich mir beim Küchengott kaum vorstellen kann.

XII. Paella

Inzwischen ist *paella*, als «paela» falsch ausgesprochen, fast in aller Munde, und selbst schäbige Imbißbuden bieten einen gelben Reismörtel an, den sie Paella nennen, dessen Ähnlichkeit mit der Paella sich allerdings auf die gelbe Farbe beschränkt. Nicht daß es ein festes, alleinseeligmachendes Rezept gäbe. Paellasorten gibt es soviele wie Köchinnen und Köche. Die Gemeinsamkeiten und das Grundrezept reduzieren sich auf den Rohstoff Reis und auf die Zubereitung in einer großen, breiten Pfanne, in der alles, auch der Reis, zuerst angedünstet, dann aber auf kleiner Flamme gekocht wird.

Schon der Name *paella* bringt uns auf die richtige Spur. Jahrelang hatte ich einem indischen Bekannten geglaubt, daß der Name vom indischen oder persischen Wort (genau kann ich mich nicht erinnern) *pilaf* käme, bis ich mein spanisches etymologisches Wörterbuch fragte: Paella komme aus dem altfranzösichen *paele*, heute *poele*, was soviel wie Pfanne bedeutet und selbst aus dem lateinischen *patella*, einer Art großer Metallschüssel, stammt. Die Erklärung ist einleuchtend. Da mein indischer Bekannter sich inzwischen als ein ziemlich verschrullerter Schwätzer erwiesen hat, fällt es mir nicht besonders schwer, eher meinem Wörterbuch als ihm zu folgen.

Selbst in der DDR

Das Kochgerät ist also das Entscheidende, eine große, breite, flache Pfanne. Und die Ruhe. Und die Flexibilität in der Anwendung von Zutaten, denn dann kann man überall und zu allen Jahreszeiten eine Paella kochen. Selbst in der DDR habe ich Anfang der siebziger Jahre eine Paella, eine realsozialistische, gekocht. Irgendwann werden die Historiker dieses Wunder verzeichnen. Es war im April 1971 in Ostberlin. Nach dem Essen gingen wir in den Keller, wo eine subversive Theatergruppe

«Amerika» von Kafka spielte. Wir saßen auf Balken aber auch auf Kohlen, denn jederzeit konnten die Vopos erscheinen. Sie erschienen nicht. Unter den Zuschauern befand sich ein gewisser Wolf Biermann, der allen anderen, auch meiner Frau, bekannt war, mir aber noch nicht. Ich war ja erst ein Jahr in diesem Land. Nach dem Stück sang Biermann, was wir aber leider nicht mehr erlebten, denn meiner Frau wurde in dem engen, schlecht gelüfteten Keller übel. Später stellte sich jene Übelkeit als die erste dokumentierte Lebensmeldung unserer ersten Tochter heraus. Im November 1976, einige Tage nach dem Kölner Konzert, das Biermann die Ausbürgerung aus der DDR einbrachte, traf ich ihn, ein Jahr nach Francos Tod, auf einer riesigen Spanienveranstaltung in Essen und versuchte, ihm die biographischen Berührungspunkte zwischen ihm und unserer ersten Tochter zu erläutern. Die Sache interessierte ihn überhaupt nicht, an jene Kafkaaufführung im Keller konnte er sich gar nicht erinnern, und ich war sehr enttäuscht. Vielleicht hätte er sich erinnert, wenn er von der realsozialistischen Paella mitgegessen hätte.

Feierlich

Es gibt natürlich die ganz feierliche Version, die den Ruf dieses Gerichtes begründet und die unsere Töchter, deren Freundinnen und Freunde sich immer wieder wünschen. Da kommen Mies- und Venusmuscheln, Krabben, Cigalas (fälschlicherweise in manchem Geschäft als Langostinos bezeichnet), Calamares oder Sepia, Hähnchen- und Schweinefleisch, Fisch, Paprikaschoten, Tomaten und Erbsen rein, die Meeresfrüchte in großzügigen Mengen, und das Ganze wird mit echtem Safran gewürzt. Auf den touristischen Prospekten wirken solche Paellas, bunt und auf Hochglanz abgebildet, sehr anziehend, aber ich glaube kaum, daß ein Durchnittstourist je eine solche vollkommene Paella zu Gesicht bekommen wird. Ein paar Hähnchenstücke, zwei oder drei verirrte Muscheln und kaum viel mehr mickrige Garnelen schmücken einen klebrigen, mit Safranersatz – einem höchst verdächtigen Pulver – gefärbten Reis, den die in Sachen

Gaumenkunst nicht gerade verwöhnten teutonischen Touristen für eine Delikatesse halten. Zurück in Deutschland erzählen sie, in «Loret de Mar» hätten sie eine tolle «Paela» gegessen. Bekomme ich einen solchen zurückgekehrten Touristen zu Gesicht und zu Gehör, versuche ich ganz auffällig, mich dessen klebrigen, künstlich gelben Paellalobpreisungen zu entziehen, um so mehr und um so auffälliger, wenn er versucht, von mir das «Paelarezept» zu bekommen. Nur wenn ich meine karitativen Tage habe, verschwende ich meine Zeit an solche Menschen, denn aus einem schlechten Esser kann nie ein guter Koch werden.

Alltäglich

Es muß ja auch nicht die feierliche Paella sein. Auch bescheidenere Versionen schmecken vorzüglich. Und man kann eine reine Fleischpaella, eine reine Fischpaella und unzählige Mischformen kochen. Beim Fleisch wiederum kann man Hähnchen, Schwein, Lamm, Rind, Truthahn, Paprikawurst – oder von allem etwas! – nehmen. Beim Fisch empfiehlt es sich, Sorten zu nehmen, die beim Kochen fest bleiben. Diese Aufgabe erfüllt am besten der Congre, auch als Meeraal bekannt, der allerdings ein äußerst grätiger Geselle ist. Von den sogenannten Meeresfrüchten eignen sich sowohl wegen des Geschmacks als auch wegen der Optik die Mies- und Venusmuscheln, am liebsten frisch, am liebsten mit Schale. Krabben tragen sowohl zum Geschmack als auch zur Optik, Calamaresringe nur zum Geschmack bei.

Praktisch

Um Engpässe zu vermeiden, empfiehlt es sich, mit dem Kochen erst anzufangen, wenn die Vorarbeiten geleistet sind: Die Zwiebeln in Scheiben oder Würfel geschnitten, die Paprikaschoten und Tomaten ebenfalls, das bißchen Knoblauch geschält, das Fleisch und der Fisch in mundgerechte Stücke geschnitten (das Hähnchenfleisch wird einfach anatomietreu zerstückelt), die Muscheln gründlich gewaschen und gereinigt, die Tintenfischtuben zu dünnen Ringen gemacht. Auch davor sollte der Reis abgemessen und die doppelte Menge Wasser erhitzt werden, denn diese genaue 1:2-Proportion zwischen Reis und Wasser ist eines der Geheimnisse der Paella.

Und es geht los. Wie so oft beginnt alles mit dem Erhitzen von Öl, Menge nach Geschmack, versteht sich, aber ich warne vor der Unsitte, zu viel Öl zu nehmen und es zu hoch zu erhitzen. Ich nehme so wenig Öl wie möglich, muß aber dafür ständig dabei sein und umrühren, damit nichts anbrennt. Größere Hähnchenstücke brate ich zuerst braun und lege sie dann auf die Seite. Ähnliches tue ich, wenn ich frische oder tiefgefrorene Krabben habe. Die Zwiebeln, der Knoblauch, die Fleisch- und Fischstücke, die Calamar-Ringe, die Paprikaschoten, die Tomate kommen nach und nach in die Pfanne und werden gemütlich angedünstet. Wenn der Geruch unerträglich verführerisch wird, ist es Zeit, den Reis kurz und unter ständigem Umdrehen mitzudünsten, bis er glänzt. Dazu kommt die doppelte Menge heißen Wassers. Es sollte gleich anfangen zu kochen, leise vor sich hin zu köcheln. Es ist Zeit, die größeren Hähnchenstücke, die Krabben und die Muscheln kunstvoll darüber zu verteilen. Manche dünsten die Muscheln auch mit. Es ist auch Zeit, zu salzen und zu würzen. Mit Safran, wenn man sich diesen Luxus leisten kann bzw. will, oder mit Curcuma, nicht ganz so delikat wie Safran, dafür aber viel billiger und fast genauso gelb.

Nicht zudecken, nicht mehr rühren, höchstens schütteln, keinesfalls daraufloskochen lassen, ruhig bleiben, inzwischen Salat vorbereiten und Tisch decken, dabei ein kühles Bier, einen Sherry oder einen kalten Weißwein mit Oliven als verdienten Lohn genießen, nach etwa 25 Minuten abschalten und die Pfanne mit einem Küchentuch abdecken. Etwa zehn Minuten ruhen lassen und servieren.

An sich eine äußerst leichte Angelegenheit.

XIII. Fisch de luxe

Das Schlimme am Guten ist, daß es endet. Das Schlimme am Urlaub ist die Rückkehr. Das Schlimme an der Ausnahme ist die Regel. Das Schlimme am süßen Traum ist das Erwachen. Das Schlimme an der Küche Galiciens ist die Rückkehr zur schwäbischen Küche. Das Schlimme an der Fischküche ist die Rückkehr zum Nudeltopf.

Wir waren gerade zurück aus Galicien. Ein ganz kurzer Besuch war es diesmal gewesen, nicht einmal eine ganze Woche. Bevor wir hinflogen, hatte mich unsere Freundin am Telefon gefragt: «Was wünscht ihr euch zum Essen?» «Selbstverständlich Fisch» – hatte ich ohne zu zögern erwidert. Wir wissen nämlich, was gut ist, und sind nicht alle Tage in Galizien, noch dazu bei ziemlich betuchten, außerordentlich großzügigen Freunden.

Inzwischen waren jene unter dem Gesichtspunkt des Schlemmens paradiesischen Tage vorbei, und ich stand nach der Schule vor der täglichen und alltäglichen Frage, was ich denn kochen soll. Der feine Geschmack der feinen Fische – unsere Freundin in Galicien hatte uns nur die schönsten aufgetischt – hatte sich noch nicht verflüchtigt, und ich empfand richtigen Schmerz beim Gedanken, Alltägliches kochen zu müssen. Mir war es an jenem Tag nach Verlängerung des Luxusgefühls zumute – und zwar des fischigen Luxusgefühls.

In diesem wurstigen und fleischigen Mitteleuropa muß man weit fahren und weit laufen, um frischen Fisch, und seien es nur die bescheidenen Arten wie Kabeljau, Rotbarsch, Schellfisch und Seelachs, zu finden, wobei ich gerne gestehe, daß unser wurstiges und brotiges Deutschland in den letzten zwanzig Jahren entscheidende zivilisatorische Fortschritte in Sachen Fisch gemacht hat. Was für eine Fischwüste fand ich damals hier vor, als ich aus dem Fischparadies Nordspanien hierherkam! Nicht einmal Thunfisch in der Dose war damals selbstverständlich.

Besugo
Wir waren also gerade aus Galicien zurück, und mir war nach einer sinnlichen Verlängerung der Glücksgefühle. Am liebsten hätte ich natürlich das Meer, das offene, wilde, smaragdgrüne Meer jener Tage in Galicien hergezaubert. Da ich aber kein Zauberer bin, habe ich einen der schönsten Fische gekauft, den ich kenne: Besugo heißt er im Spanischen, Meerbrasse im Deutschen (und ich wette, daß nur ein paar Deutsche wissen, was das ist). Besugo ist für mich der Fisch überhaupt, denn schon seine Form ist jene Form, die jedes Kind zeichnet, wenn es darum geht, einen Fisch zu zeichnen. Heute ist er selbst in Spanien ein ausgesprochener Luxusfisch, nicht so sehr in meiner Kindheit, obwohl er schon damals ziemlich teuer war. Eine gute Presse hat er allerdings nicht, denn die Glubschaugen heißen im Spanischen «ojos de besugo», und ein völlig sinnloses Gespräch wird als «diálogo para besugos» bezeichnet. Vielleicht guckt er wirklich blöd. Aufgefallen ist es mir nicht. Was ich genau weiß, ist, daß sein Fleisch außerordentlich zart und schmackhaft ist, vor allem wenn man ihn im Ofen bäckt. Ganz einfach: Mit etwas Olivenöl, Knoblauch und Salz etwa zehn Minuten backen, einen guten Schuß Weißwein (trocken!) darüber sprühen und weitere fünf Minuten backen (wenn der Fisch größer ist, dann eben länger). Das ist die übliche Form, wobei nicht selten Einschnitte gemacht und Zitronenscheiben darein gelegt werden. Das ist nicht nötig. Ich finde, Zitrone ist nur dann beim Fisch nötig, wenn er nicht mehr ganz so frisch ist oder zu fest und zu lange in Öl gebraten worden ist. Je mehr der Fisch nach Fisch und nur nach Fisch schmeckt, desto besser.

Eine Frau aus Toledo, also nicht gerade von der Küste, verriet mir voriges Jahr eine Zauberformel: Den ganzen Besugo – nicht entschuppt und nicht ausgenommen – in eine flache, mit grobem Salz belegte Auflaufform legen und mit einer dicken Schicht groben Salzes abdecken. Der Fisch muß ganz im Salz verschwinden. In den heißen Backofen stecken und – je nach Größe – 20 bis 25 Minuten backen. Ohne Kräuter, ohne Gewürze, ohne alles, nur mit grobem Salz. Die Salzschicht wird durch das Backen hart und zu einer richtigen Kruste, die man aufbrechen muß, um dann gefühlvoll Fischstücke direkt auf die Teller zu tun.

Eine absolute Delikatesse.

Seeteufel

Ein paar Wochen später wollte ich mich darüber hinwegtrösten, daß meine drohende Arbeitslosigkeit zur Gewißheit geworden war. So wünschte ich mir einen schönen Fisch. Ich dachte an Seeteufel, denn gerade Seeteufel hatte uns unsere Freundin in Galicien zweimal innerhalb von vier Tagen serviert, und ich hätte ruhig alle vier Tage jenen höllisch aussehenden, himmlisch schmekkenden Fisch essen können. Einmal hatte sie ihn im Backofen nur mit Öl und Knoblauch, einmal in der Pfanne nur mit Knoblauch im Öl gebacken. Er hat ein blütenweißes festes Fleisch, so weiß, so fest und so schmackhaft, daß einige Köche es manipulieren und als Langustenfleisch anbieten. Als ganzer sieht der arme Seeteufel wirklich furchterregend aus. Die Basken nennen ihn Kröte.

Thunfisch oder Lachs?

Mit dem teuren Seeteufel wollte ich mich an jenem Tag über die böse Nachricht meiner Arbeitslosigkeit hinwegtrösten. Nur im Geschäft, wo ich ihn kaufen wollte, kostete er fast 40 Mark. Außerdem war an dem Tag – selten genug – frischer Thunfisch zu kaufen. Eine tolle Alternative, dachte ich mir, denn auch meine Frau hat durch unsere Besuche im Baskenland den frischen Thunfisch zu schätzen gelernt. Beim Anblick des Thunfisches störte mich nur die Dicke der Scheiben, denn am besten schmeckt er mir ziemlich dünn geschnitten und mit vielen Zwiebeln gebraten bis geschmort. Etwas Tomate dazu schadet auch nicht, nicht aber so, daß die Tomatensoße dominiert und es zu tomatig schmeckt. Den Fehler habe ich früher häufig gemacht. Inzwischen verwende ich Tomate viel sparsamer. Ich fragte die Frau hinter der Theke, ob sie nicht dünnere Scheiben hätte. «Nein, leider werden sie so dick geschnitten.» «Schade!» – kommentierte ich – «denn die Zubereitung und der Geschmack sind dann ganz anders.» Es handelte sich um eine sehr kooperative Frau – wir Hausfrauen verstehen uns! – die mitdachte: «Sind Sie auf Thunfisch fixiert? Heute ist frischer Lachs im Angebot.» In der Tat, während der Seeteufel fast 40 und der Thunfisch 38 Mark das Kilo kostete, war der frische Lachs für 26 Mark zu haben. Er sah wunderbar frisch und wunderbar rosig aus. Da ich mich aber mit Lachs nicht auskenne, ließ ich mir von meiner Kollegin hinter der Theke erklären, daß es reicht, den Lachs in Butter zu braten. Das tat ich auch und servierte den Lachs mit vorgekochten, in dünnen Scheiben geschnittenen, in der Bratsoße geschwenkten Kartoffeln, mit einem leichten Römersalat und mit trockenem Weißwein. «Was wird denn hier gefeiert?» – fragte unsere unerwartet zum Abendessen erscheinende Tochter. «Daß wir leben, wird halt gefeiert. Ist das etwa kein Grund?»

XIV. **Pulpo a feira**
Die gefürchtete Krake

Sie hat beileibe keine gute Presse. Heute ist sie sogar einer der Hauptverlierer der deutschen Vereinigung, Hauptfigur im Gruselkabinett der Ehemaligen: Kein Verbrechen, das sie nicht begangen, kein Bürger, den sie nicht verdorben, kaum ein Wendepolitiker, der nicht über sie gestolpert. Die gute alte Krake. Und dabei ist sie ein so niedliches Tier, wenn sie mit ihrem Wasserkopf und ihren riesigen vertrauensvollen Augen zwischen den Felsen hervorguckt. Sie sieht wie das kleine Gespenst von Ottfried Preußler aus.

Zugegeben, auch ich habe jahrelang das schöne Tier verschmäht bis gefürchtet. Daran war aber nicht die Krake selbst schuld, denn ich hatte noch keine gesehen, sondern die vielen Grusellegenden, die über sie kursieren. Zugegeben, ihre vielen (acht sind es) überproportionalen Fangarme mit den Saugnäpfen sind geeignet, allerlei Phantasien zu nähren, durch ihre Zahl und Größe und durch ihre Schlangenform, durch ihre Zweideutigkeit: Es sind Arme und es sind Schlangen, es sind Arme, die umarmen und die fangen, die küssen und die sich festsaugen und verschlingen. Wahrscheinlich projizieren wir in diesen zum Meeresungeheuer avancierten, ausgesprochen scheuen Meeresbewohner die Angst vor der tödlichen Umarmung einer grausamen Mutter oder einer gefräßigen Geliebten. Wahrscheinlich dient die Krake als Verkörperung und sogar Rechtfertigung für die Angst des Mannes vor dem Weib: Angst davor, umarmt, geküßt, gefangen und verschlungen zu werden: umarmt von einer Schlange, geküßt von einem Blutegel, verschlungen durch einen Mund, der gleichzeitig durch seine Stellung und seine Form uns unbewußt an eine Scheide erinnert. Nichts als Männerphantasien? Vielleicht! Vielleicht doch nicht.

Jules Verne

Mein Bild einer Krake nährte sich jahrelang von jener Erzählung Jules Vernes, wo eine überdimensionale Krake ein ganzes U-Boot – oder war es ein Schiff? – umschlingt: Ich sehe noch vor mir jene Buchillustration, auf welcher verzweifelte Matrosen mit riesigen Beilen versuchen, sich und das Schiff von den säulendicken Armen des Seeungeheuers zu befreien, eine Szene, die dann die Comics meiner Kindheit immer wieder variierten. Kein Wunder, daß mich schon Angst und Ekel packten, wenn ich im Fischladen kleine Tintenfische sah. Kein Wunder, daß ich erst mit 28 Jahren meinen ersten «Pulpo» aß, denn Pulpo heißt auf spanisch die Krake, die auf deutsch auch Polyp heißen kann: Polyp – Pulpo.

In Madrid, in einem kleinen Restaurant Namens «Rias Baixas», wo zu bescheidenen Preisen die beste Küche Galiciens angeboten wurde, aß ich im Jahre 1968 zum ersten Mal *pulpo a feira*, Krake nach galicischer Art. Neulich ging ich dort vorbei und entdeckte entsetzt unter dem Schild «Rias Baixas» ein Nobelrestaurant, dessen Preise den Ruf Madrids bestätigen, die Stadt mit der teuersten Gastronomie der Welt zu sein. Preise, die an Körperverletzung grenzen. Nichts für mich, denn ich gehe nicht in ein Restaurant, um zu leiden.

Die eingewanderte Krake

Jener erste Pulpo im Jahre 1968 schmeckte mir so überraschend himmlisch, daß meine Angstphantasien schlagartig verschwanden. In den Jahren danach hatte ich wenig Chancen, wieder in den Genuß des Pulpo zu kommen, denn in der Wunderrepublik war keine Krake zu kriegen geschweige denn zu essen. Jahrelang. So mußte ich mich damit zufrieden geben, meiner Gaumenliebe für die Krake während meiner seltenen Besuche in Galicien zu frönen. Zum Glück hat sich aber die kulinarische Landschaft dieser Wunderrepublik im letzten Vierteljahrhundert so sehr geändert, daß nach und nach selbst wunderdeutsche Krakenesser auf ihre Kosten kommen: Noch ein Segen der segensreichen

Einwanderung. Selbst in Stutgart ist inzwischen Pulpo zu kaufen. So brauche ich nicht mehr meine Galicienbesuche abzuwarten, um meine Gaumenvorliebe für das ehemalige Seeungeheuer pflegen zu können.

Mein Wagnis

Allerdings habe ich mich erst neulich getraut, das selber zu kochen. Und schon der erste Versuch ist so perfekt geglückt, daß ich beschlossen habe, den *pulpo a feira* in mein normales Küchenrepertoire aufzunehmen. Die höchste Barriere, die es zu überwinden galt, hat für mich die Dame überwunden, die im spanisch-portugiesischen Geschäft mit jedem Kunden und mit jeder Kundin in deren jeweiliger Sprache spricht: Spanisch mit Spaniern, Portugiesisch mit Portugiesen, Italienisch mit Italienern, Griechisch mit Griechen, Deutsch mit Deutschen und sonstigen. Ich bin mir ziemlich sicher, daß sie nie von Jakob Fugger gehört hat. Und trotzdem hält sie sich offenkundig an den Spruch des berühmten Augsburger Kaufmanns: «Die beste Sprache des Kaufmanns ist die Sprache des Kunden.» In meinem Fall haben Kauffrau und Kunde die gleiche Muttersprache. So sprechen wir Spanisch miteinander. Wir haben uns schon gegenseitig erzählt, woher wir kommen: Sie aus Toledo, ich aus dem Norden Burgos'. Sie weiß, welchen Fisch ich bevorzuge und erteilt mir Ratschläge, wie ich diesen und jenen Fisch am besten zubereiten kann. In Sachen Krake bzw. Polyp bzw. Pulpo habe ich ihr gestanden, daß ich es nicht schaffe, die Augen des schönen Tieres zu entfernen. Sie hat es für mich und vor mir «ausnahmsweise» gemacht und ebenfalls ausnahmsweise hat sie für mich den Schnabel oder Mund entfernt, genau im Zentrum der Fangarme. Dann hat sie mir empfohlen, die Saugnäpfe sorgfältig zu waschen und ebenfalls den Sack, den ich für den Kopf halte, mit viel Wasser zu säubern. Den Rest hatte ich mir neulich in Galicien erklären lassen. Und so habe ich es gemacht, mit der unsicheren Sorgfalt des Neulings:

Im größten Topf

Ich nahm meinen größten Topf und machte ihn mit Wasser voll. Salz und ein paar mittelgroße ganze Zwiebeln kamen rein. Fing das Wasser an zu kochen, tauchte ich die Krake ein, um sie wieder rauszunehmen. Als das Wasser wieder sprudelte, wiederholte ich die Operation, dreimal. Dann ließ ich den Pulpo drinnen, so daß er 35 bis 40 Minuten kochte, bis er weich wurde, sich aber nicht schälte. Als es so weit war, nahm ich den Pulpo raus. Er sah wunderschön aus. Wie ein Seestern. Ich ließ ihn ein paar Minuten abkühlen, um ihn dann in kleinere, mundgerechte Stücke zu schneiden, die ich dann auf ein großes rundes Holzbrett legte, möglichst einschichtig. Grobes Salz, süßes Paprikapulver und reichlich Olivenöl drüber, und eine köstliche Spezialität war entstanden: **Pulpo a feira**. Mit einem kühlen, herben Weißwein serviere ich das inzwischen oft unseren Gästen. Und Baguette dazu, versteht sich, denn wer bei diesem Gericht nicht eintunkt, ist selber schuld.

Nur unsere ältere Tochter hat sich mit dem Pulpo noch nicht versöhnt. Dafür ist er zur Lieblingsspeise ihres Freundes avanciert, der sowieso eindeutig weiß, was gut ist.

XV. Ein Verlegenheitsessen

Wenn ich nicht recht weiß, was ich eigentlich kochen soll, kann ich wohl sagen, daß ich als Koch verlegen bin. Was dann entsteht, ist also als *Verlegenheitsessen* zu bezeichnen. Ein Verlegenheitsessen bereitete ich also zu, wenn beispielsweise unangekündigter Besuch uns ehrt und offen oder versteckt uns zu verstehen gibt, es wäre äußerst nett, wir würden ihn oder sie füttern bzw. zum Essen einladen. Offen wird unser Besuch nur selten zugeben, er habe Hunger und möchte gefüttert werden, denn er selbst wird *verlegen sein* und wird uns deswegen nicht *in Verlegenheit bringen* wollen.

Um keine Erklärung verlegen

Bevor ich darauf eingehe, wie ich ein *Verlegenheitsessen* gestalte, will ich mitteilen, wie mich das Wort *verlegen* fasziniert. Es ist ein Chamäleonwort, und ich wette, daß kaum ein Deutscher in der Lage sein wird, die Verwandlungskunst dieses Wortes zu erläutern:

Ziemlich durchsichtig ist die Bedeutung dieses Zeitworts, wenn ich sage: «*Ich habe den Brief verlegt* und kann ihn nicht mehr finden.» Problematischer wird es, wenn ich sage, ich hätte *das Buch verlegt*, denn womöglich meine ich damit nicht, ich hätte das Buch irgendwo liegengelassen, so daß ich es nicht mehr finde, sondern ich bezeichne mich möglicherweise als *Verleger*. Tue ich das, werde ich wahrscheinlich auch wissen, warum ich dann Verleger heiße, was keineswegs selbstverständlich ist, denn *verlegen* hieß mal «*Geld auslegen*, etwas auf seine Rechnung nehmen», zum Beispiel die Kosten eines Druckwerks. So bedeutete das Wort *Verleger* im 15. Jahrhundert soviel wie *Unternehmer* und seit dem 17. Jahrhundert «Buchhändler, der Bücher verlegt». Im Berlin des 19. Jahrhunderts gab es sogar

Bierverleger, eine wahrhaftig genauso geistreiche Tätigkeit wie die des *Buchverlegers.*

Bin ich aber *verlegen*, warum heißt das eigentlich, ich sei unschlüssig oder ratlos? Die Ableitung ist köstlich, denn die Bedeutung hat sich aus dem mittelhochdeutschen *verligen* entwickelt, was nichts anderes bedeutete, als daß etwas, ein Lebensmittel zum Beispiel, durch langes Liegen verdirbt. «Auf Menschen angewendet wurde daraus *untätig*.» Von der Untätigkeit auf Ratlosigkeit und Unschlüssigkeit zu schließen, sei naheliegend, meint mein etymologisches Wörterbuch, das selten um eine Erklärung *verlegen* ist.

Die Zauberkiste

Was tue ich also, wenn mich unerwarteter Besuch mit seiner Anwesenheit und noch dazu mit seinem Hunger ehrt und mich dadurch auf eine sehr liebenswürdige Art und Weise *verlegen macht*, denn die Läden sind schon alle zu? Essen gehen wäre eine durchaus plausible Lösung. Die liegt mir aber nicht, unter anderem weil ich sehr selten gerne essen gehe, aber vor allem, weil ich die von mir hier schon zitierte altmodische Haltung des Geschmacktheoretikers Brillat-Savarin teile, der meinte, «wer seine Freunde empfängt und sorgt nicht persönlich für das Mahl, verdient keine Freunde.»[2]

Für welches Mahl sorge ich also persönlich, wenn mich meine Freunde mit ihrem Besuch auf dem linken Fuß erwischen und mich dadurch in *Verlegenheit bringen*?

Meine spanische Tradition mit ihrer Omelettenkultur bietet mir einige Möglichkeiten. Das setzt natürlich voraus, daß in meinem Haushalt Kartoffeln, Eier, Zwiebeln, Käse und ein paar Konserven immer vorrätig sind. Wunderbare Omeletten kann man mit so einfachen Zutaten herzaubern. Am aufwendigsten, aber vielleicht auch am wirkungsvollsten wäre die *spanische Omelette*, die ich schon entsprechend gewürdigt habe: Nur Kartoffeln, Zwiebeln, Eier, Salz und Öl braucht man dazu. Und Brot zum Dazuessen.

Äußerst leicht zu machen sind verschiedene Omeletten aus geschlagenen Eiern und geriebenem Käse oder Thunfisch aus der Dose oder Champignons, Spargeln, Schrimps... Äußerst leicht, aber auch wirkungsvoll und schmackhaft. **Französische Omelette** heißt diese Variante in Spanien. Mir ist nicht bekannt, was daran französisch sein soll. In der Tat dient die Bezeichnung zur Unterscheidung, denn eine Omelette schlechthin, eine *Tortilla* also, ist in Spanien die aus Kartoffeln und Eiern. Eine französisches Omelette hat mich oft bei unerwartetem Besuch gerettet: Ei oder Eier schlagen – nicht mit dem Quirl, sondern mit einer Gabel, denn es darf nicht schaumig werden. Salzen oder würzen und das Gemisch in die Pfanne hauen, wo ein paar Tropfen Öl erhitzt worden sind. Schön verteilen, bis die Eimasse bzw. die Eischicht einigermaßen durch ist. Von rechts oder links einrollen und mit Weißbrot servieren. Wenn mit Füllung, dann sollen der Käse, die Krabben, der Thunfisch, die Pilze, die Schinkenwürfel, die Spargelspitzen... schon kurz vor dem Einrollen auf der Eimasse verteilt werden. In Sachen Füllung sind der Phantasie lediglich die Grenzen der Geldbörse gesetzt.

Meine ebenfalls spanische Tradition mit der Reiskultur bietet auch zahlreiche Möglichkeiten, vorausgesetzt, *Reis* ist immer vorrätig, was ich jedem empfehle, der begriffen hat, daß der Mensch nicht nur von Brot und Wurst leben darf, will er das Essen nicht zu einer Pflicht verkommen lassen. Mit Reis läßt sich im Nu eine Beilage zu einer phantasievollen Omelette herzaubern. Mit Reis, Zwiebeln und Speck oder Wurst läßt sich leicht ein appetitliches Reisgericht in Richtung Risotto oder je nach Lust auch in Richtung leichte Suppe zubereiten. Kommt ein chinesischer Hauch dazu, so erweitert sich auf eine wunderbare Weise die Palette der schnellen und leichten Zaubereien: Dazu braucht man einen Vorrat an trockenen Pilzen und/oder an Bambus- und Sojasprossen aus der Dose, von den dazu gehörigen Gewürzen gar nicht zu sprechen.

Die deutsche Kartoffelkultur ist als Zauberkiste auch nicht zu verachten. Hier sei nur an mein *Lob der Pellkartoffel* erinnert.

Über die *Nudelkultur* will ich mich nicht auslassen, denn Nudeln sind nicht meine Stärke und auch nicht meine Schwäche. Trotzdem gebe ich gerne zu, daß durch die Nudeln die Kochzauberkiste um einiges reicher wird: Schon alleine mit Nudeln, Knoblauch und Olivenöl kann man in Windeseile Geschmackswunder vollbringen.

Für schnelle Wunder eignen sich auch die Erbsen aus der Dose, wobei ich ganz feierlich versichern möchte, daß ich das Dosenzeug nur als Helfer in der Not schätze und unter normalen Bedingungen nur frisches Zeug verwende. Trotzdem bin ich froh, daß es Konserven gibt, Erbsen aus der Dose zum Beispiel. Während sie unter fließendem Wasser gründlich gewaschen werden und Reis im Salzwasser kocht, schneide ich Zwiebeln und Schinken in Würfel, dünste sie an, gebe dann die Erbsen dazu und lasse sie unter häufigem Rühren die Wärme und den Geschmack annehmen. Sobald der Reis gar ist, gebe ich ihn hinein, würze nach Lust und Laune (etwas Schärfe schadet nicht, denn die Erbsen schmecken sonst etwas süßlich), mische alles gründlich und lasse es ein paar Minuten bei ausgeschaltetem Feuer ruhen. Der hungrige Besuch freut und wundert sich.

Ist der Besuch nicht nur hungrig sondern auch noch durstig, werden Hausfrauen und Hausmänner in diesem Land kaum verlegen sein, denn ein immenser Vorrat an Kaffee, an Tee der verschiedensten Sorten aus den verschiedensten Ländern, an Sprudel, an Bier und sogar an Wein gehört zu den Selbstverständlichkeiten unserer Wunderrepublik. Wasser aus dem Wasserhahn tut es auch, ich schwöre, obwohl wir ein verwöhntes Volk sind. Sehr verwöhnt sogar.

Noch.

Wie lange noch? Es heißt, unser Lebensstandard werde demnächst merklich bis schmerzlich sinken. Ein zusätzlicher Grund, um Vorräte anzulegen. Dann sind wir nicht nur für schlechte Zeiten, sondern auch für unerwarteten, verlegen machenden Besuch bestens bewaffnet.

XVI. **Chinesisch?** *Nie in China*

Ich war noch nie in China. Leider. Ich will schon lange nach China. Mit der transsibirischen Eisenbahn noch dazu. Ein Traum, den ich mir wahrscheinlich nie erfüllen werde. Nach Patagonien und nach Kanada möchte ich auch mal. Alles nicht gerade um die Ecke. Ferne Träume von fernen, fast grenzenlosen Räumen. Vielleicht ist es besser, wenn ich mir diese Träume nicht erfülle. Vielleicht sollten wir uns bestimmte Träume nie erfüllen. Vielleicht sollten bestimmte Träume Träume bleiben.

In der Tat, wenn es darum geht, in Urlaub zu fahren, fahre ich ins Allgäu, immer wieder, seit zwölf Jahren. Zur Abwechslung geht's dieses Jahr ins Altmühltal. Auch nicht gerade Übersee.

Seit wann ich von China träume, weiß ich nicht mehr. Ich glaube kaum, daß ich in meiner Jugend solche Träume gehabt habe, denn China und das Chinesische haben in der spanischen Sprache keine gute Presse: «Un cuento chino», ein «chinesisches Märchen», ist nicht etwa ein ganz besonders phantasievolles Märchen, sondern eine erstunkene und erlogene Aussage; «un suplicio chino», eine «chinesische Folter», ist eine besonders raffinierte grausame Folterart; «el barrio chino», «das chinesische Viertel», heißt das Prostituiertenviertel in den Großstädten. Harmlos dagegen hört sich die Verwendung an, die auch im Deutschen geläufig ist: «hablar en chino», «chinesisch reden».

Ich weiß wirklich nicht, wann und warum ich trotzdem anfing, von China zu träumen. Irgendwann tat ich es, vielleicht damals, als es unter Linken nicht unüblich war, in China die Anzeichen des künftigen Paradieses zu entdecken. Oder vielleicht fing ich an, vom «grenzenlosen China» zu träumen, als ich zu meinem Pech anfing, in Großstädten zu leben. Seit irgendwann also ist der Traum da.

Chinesisch Kochen

Vielleicht ist dieser mein Traum von China daran schuld, daß ich seit etwa fünfzehn Jahren so gerne chinesisch koche oder zumindest so, wie ich mir das chinesisch Kochen vorstelle. Zum Glück ist diese Bezeichnung nicht als Ursprungsbezeichnung geschützt, sonst würde ich mir mehr als eine Klage einhandeln. Nicht einmal die Aussprache ist in Deutschland festgelegt, in diesem Mutterland der Festlegungen: China, sagen die einen, Schina die anderen, Kina, sage ich, nicht ohne zu wissen, daß mich der Duden durch diese Aussprache zum Österreicher abstempelt.

Mir macht das nichts aus, wie es mir auch nichts ausmacht, ob mein chinesisches Essen echt chinesisch ist oder nicht. Um keine zu großen oder festen Erwartungen zu wecken, sage ich meinen Gästen, was ich ihnen heute serviere, sei chinesisch angehaucht. Ihnen schmeckt es. Mir auch. Und das ist die Hauptsache. Nicht die Treue zu einem Rezept macht das Essen gut, sondern alleine der Geschmack. Dogmen sind überall von Übel, in der Küche erst recht.

Die Grundidee zum chinesisch Kochen habe ich 1975 in Aachen von einer echten Chinesin erhalten, die mir von einem chinesischen Freund aus Indonesien vorgestellt wurde:

Als erstes empfahl sie mir, falls Fleisch im Spiel ist, es zu schnetzeln. Aus einem klugen Buch erfuhr ich später den Grund für diese Grundregel: dadurch werde die Garzeit auf ein Minimum reduziert und Brennstoff gespart. Als zweites sollte ich beachten, daß die Zwiebeln grob, das Gemüse aber – wie Karotten, Lauch und Paprikaschoten – in längliche, breite Streifen geschnitten wird, denn die Zwiebeln sollen nicht zu weich werden und das Gemüse soll zwar schnell gar sein, aber «al dente» bleiben. Alles sehr einsichtig und sehr klug aber alles reine Ketzerei für die Kochschule meiner Mutter, bei der alles Gemüse grundsätzlich bis zur Unkenntlichkeit zerkocht werden mußte. Eine Kochschule für kaufaule oder für zahnlose Menschen war die meiner Mutter.

Jene Chinesin in Aachen verriet mir nur die Geheimnisse der Pfannengerichte, was mir vorerst reichte, denn Pfannengerichte mag ich am liebsten. Ins heiße Öl – ich persönlich erhitze das Öl nie zu sehr – sollte ich ein paar Scheiben Ingwer tun und sie herausfischen, sobald sie braun werden. Dann komme das geschnetzelte Fleisch hinein. Ständig wenden. Nach etwa fünf Minuten die Zwiebeln, schön wenden, und dann das restliche Gemüse der Reihe nach, je nach Konsistenz, und weiter ständig wenden. Ein guter Schuß Ingwerwein, etwas Sojasauce oder Salz, eine chinesische Gewürzmischung und vielleicht etwas Fleischbrühe, und etwa zehn Minuten köcheln lassen. In der Zwischenzeit hat in einem Nebentopf der Reis gekocht, nur mit Salz, ohne weitere Zutaten.

An diese Grundformel halte ich mich im allgemeinen. Oft ersetze ich den Ingwerwein durch Sherry, oft durch Weißwein, oft verwende ich keinen Alkohol. Manchmal nehme ich Knoblauch statt Ingwer, manchmal mageren Speck statt Fleisch, nicht selten verwende ich überhaupt nichts Fleischiges, nur Gemüsiges, mit und ohne Pilze, und zwar die trockenen oder auch die frischen, mal nehme ich gekaufte Sojasproßen, mal lasse ich selber die Bohnen keimen, mal erlaube ich mir eine indische Gewürzmischung, mal würze ich das Ganze reichlich, mal dezent, je nach Gemütslage und auch je nach Gast, mal trinken wir davor einen Pflaumenwein, mal einen Sherry, mal gar nichts, mal trinken wir dazu einen grünen, mal einen schwarzen Tee, mal einen leichten Weißwein, mal gar nichts. In den kochenden Reis tue ich oft ein paar Schoten Kardamom hinein.

Chinesische Gäste habe ich noch nie gehabt. Sollte ich irgendwann welche haben, dann werde ich entweder sie bitten, bei mir chinesisch zu kochen, oder ihnen eine Paella, einen Bohneneintopf oder eine spanische Omelette servieren, denn, obwohl der Phantasie bekanntlich keine Grenzen gesetzt sind, wohl dem eigenen Können. Ein Chinese würde mich letzten Endes auch nicht zu sich einladen und mir eine spanische Omelette servieren, wenn er klug ist.

XVIII. **Lauch**

An ausgewählten Feiertagen und zu ihrem eigenen Geburtstag gab es bei meiner Mutter Vorspeisen. Bescheidene Vorspeisen: Oliven, Tomaten, Miesmuscheln und selbstverständlich Lauchsalat. Mit der Zeit wuchs der Wohlstand, und mit dem Wohlstand wuchsen die Ansprüche. Es gab häufiger Vorspeisen, und jene Vorspeisen wurden immer unbescheidener. Die Oliven blieben zwar, aber ein aufwendiger russischer Salat verdrängte die proletarischen Tomaten, während die Garnelen oder gar die Langostinos die braven Muscheln verdrängten, die sich ja jeder leisten konnte und jeder schon immer hatte leisten können. Der Lauchsalat blieb, obwohl er keinesfalls aristokratischer anmutete als die Tomaten oder die Miesmuscheln. Der Lauchsalat wurde sogar nicht nur von den Spargeln nicht vertrieben, sondern jedesmal mit demselben Kommentar gewürdigt: «Ich weiß nicht, was die Leute an den Spargeln verloren haben!»

Ich will ja nicht darüber rätseln, was uns zu jenem Urteil brachte, ob es alleine vom Geschmack inspiriert oder ob es auch von einer gewissen Romantik mitgetragen wurde. Vielleicht war für uns jener ausgesprochen proletarisch-bäurische Lauchsalat ein Bindeglied zu unserer ausgesprochen bescheidenen Lage in alten Zeiten, denen wir zwar nicht nachweinten, die wir aber trotzdem offen oder versteckt verklärten. Vielleicht diente uns das Bekenntnis zum Lauchsalat als Beweis dafür, daß wir unsere Herkunft nicht ganz verraten hatten. Vielleicht.

Heute geht es mir nicht unähnlich: Jedesmal, wenn ich Lauchsalat mache, und ich mache ihn häufig, habe ich auf der Zunge die Bemerkung, Lauchsalat schmecke doch wesentlich besser als Spargel. Früher habe ich diese Bemerkung auch fallenlassen, aber heute unterdrücke ich sie, denn ich bin mir nicht mehr so sicher, ob der Lauchsalat mir besser schmeckt als Spargel in einer Essigmarinade. Wahrscheinlich schon, aber sicher bin ich mir nicht mehr. Mit dem Alter schwinden bei mir die Gewißheiten. Bei vielen anderen um mich herum wachsen sie. Jemand ist hier falsch gewickelt.

Jedenfalls, ob er nun besser als der Lauch schmeckt oder nicht, in der Spargelzeit mache ich häufig Spargel. Auf Dosenspargel habe ich fast völlig verzichtet. Der kommt wirklich nicht an den Lauch ran. In der Lauchzeit aber mache ich häufig Lauchsalat. Mir schmeckt er, meiner Frau schmeckt er, unsere Töchter freuen sich jedesmal darüber, und erstaunte Besucher, die ihn noch nicht kannten, schwärmen von dieser unerwarteten, unscheinbaren Delikatesse, die noch dazu nicht leichter zuzubereiten sein könnte:

Lauchsalat

Am besten eignen sich dünne, zarte Stangen. In den Supermärkten sind sie kaum zu kriegen. Dort scheinen nur ganz dicke, eher grobe Stangen angeboten zu werden. Es fragt auch niemand nach dünnen Stangen. Auf dem Wochenmarkt geht es schon eher, obwohl ich jedesmal suchen muß. Alle wundern sich, daß ich mir die dünnsten aussuche, aber ich lasse mich dadurch nicht stören. Wer es hören will, dem erzähle ich, warum ich die dünneren Stangen heraussuche. Einige nicken zustimmend, andere gucken verständnislos und versuchen zu verbergen, daß sie mich für nicht ganz dicht halten.

Zu Hause wasche ich die Stangen und entferne sowenig Grün wie möglich. Das tue ich nicht nur aus dem vernünftigen Grund, daß das Wegwerfen nur bei wirklich unbrauchbarem Zeug begründet ist, sondern weil der grüne Teil des Lauchs ganz besonders schmackhaft ist.

Sind die Stangen sehr dünn, schneide ich sie ziemlich lang, vier bis fünf Zentimenter. Sind sie dicker, dann eben kürzer, damit sie nicht zu lange kochen müssen. Kochen tue ich sie mit wenig Wasser im Dampf, bis sie weich, aber doch nicht lätschert sind. Dann lasse ich den Lauch völlig erkalten, manchmal sogar bis zum nächsten Tag, um ihn dann in einer flachen Schüssel, praktisch in einer einzigen Schicht, mit grobem Salz, Essig und Olivenöl anzurichten. Sonst nichts. Ich rühre kaum um, damit der Lauch nicht zerdetscht wird. Deswegen die flache Schüssel und die einzige Schicht. Als kalte Vorspeise serviert, ist der Erfolg selbst bei heiklen Gästen gesichert.

Lauchsuppe

Eine ausgesprochene Lauchsuppe bekamen wir in meiner Kindheit zu Hause so gut wie nie. Häufig kam etwas Lauch in die abendliche Kartoffelsuppe, aber eine Lauchsuppe, das heißt eine bestimmte Kartoffelsuppe, wo der Lauch fast überwiegt, bekam ich erst im Baskenland. Sie nannte sich *purrusalda*, war eine ausgesprochen baskische Spezialität und als solche kaum in der Küche meiner Mutter vertreten, denn meine Mutter, obwohl wir an der Grenze zum Baskenland lebten, kochte fast ausschließlich in der Tradition Kastiliens, was sie nicht daran hinderte, sich mit der Zeit immer mehr von baskischen Einflüssen bereichern zu lassen. Zum Glück für unseren Gaumen. Die Purrusalda hat sie aber nicht übernommen, was ich meiner Mutter nicht übelnehme: Die Purrusalda ist praktisch eine Gemüsesuppe mit sehr viel Lauch, viel Karotten und ziemlich viel Kartoffeln. Mir behagt sie nicht ganz, denn die vielen Karotten machen die Suppe arg süßlich. In meiner eigenen Version kommen wesentlich weniger Karotten und auch weniger Lauch hinein, dafür aber um so mehr Kartoffeln. Ein weiterer Grund, warum mir die traditionelle Lauchsuppe des Baskenlandes nicht ganz behagt, ist, daß sie zu lange kocht. Eine nicht nur im Baskenland weit verbreitete Unsitte! Bocusse soll diese Lauchsuppe, verfeinert, in seine *Nouvelle Cuisine* aufgenommen haben. Anzunehmen, daß er auf die zu lange Kochzeit verzichtet hat.

Lauchgemüse

Verblüffend einfach und verblüffend schmackhaft. Ich entdeckte es erst sehr spät, ausgerechnet in Berlin Moabit: Am Vormittag des Tages, an dessen Abend unsere zweite Tochter unerwartet früh auf die Welt kommen sollte, waren wir im Rathaus Moabit Trauzeugen gewesen, meine Frau mit unserer zweiten, ungeduldigen Tochter im Bauch, ich mit unserer ersten, verspielten, einjährigen Tochter auf dem Rücken. Außer uns gab es keine Hochzeitsgäste. Das Hochzeitsessen fand bei uns statt, gerade um die Ecke. Es kochte die Braut selbst: Rindsrouladen mit Lauchgemüse. So lernte ich dieses einfache, fast banale Pfannengericht kennen und schätzen: Der Lauch wird sehr dünn geschnitten und unter ständigem Rühren in etwas Öl oder Butter gedünstet, lange genug, daß er weich wird, kurz genug, daß er noch Biß hat. Nach Geschmack gewürzt eignet sich dieses Lauchgemüse vorzüglich als Beilage zu Schnitzeln und Koteletts, zu Würsten und Rouladen und sogar zu einem Reisgericht.

Lauchtorte

Die Lauchtorte bildet für mich die Krönung der Lauchküche. Kennengelernt habe ich sie als «schwedische Lauchtorte». Was daran schwedisch sein soll, ist mir unbekannt. Mein Backbuch verrät es nicht. Es ist auch unerheblich, denn der Geschmack wird nicht gemindert, wenn wir es nicht wissen.

Die Lauchtorte, wie alles Gebackene, ist aufwendiger als Pfannengerichte, dafür aber feiner im Geschmack. Schon wegen des Bodens ist diese Torte etwas aufwendiger, denn zu empfehlen ist ein Hefeteigboden, am besten aus Vollkornmehl. Wenn ich es eilig habe oder der Vorliebe unserer Töchter nachgeben will, nehme ich als Boden fertigen Blätterteig. Das Geschmacksergebnis ist anders als beim Vollkornhefeteig, aber auch vorzüglich.

Hauptbestandteil der Füllung ist selbstverständlich der Lauch, und zwar viel davon. Für eine, allerdings ziemlich große, Form nehme ich anderthalb bis zwei Pfund. Hier kann der Lauch ruhig dick sein, denn er wird ganz dünn geschnitten und eine Weile in etwas Öl gedünstet, alleine oder mit Schinkenwürfeln oder ähnlichem zusammen, unter ständigem Rühren, damit er nicht anbrennt, und unter Zugabe einer winzigen Menge Gemüse- oder Fleischbrühe. Gewürzt wird er nach Geschmack. Mein

Geschmack ist eine Idee scharf, aber nur eine Idee, denn sonst verwischt die Schärfe jeden Eigengeschmack.

Während die Lauchfüllung etwas abkühlt, belege ich eine Springform mit dem Hefe- oder Blätterteig, wie für eine Torte eben. Darein kommt die Lauchfüllung. Darauf streue ich geriebenen Käse. Das Ganze übergieße ich dann mit einer Mischung aus Ei und Sahne, beides schön zusammengeschlagen. Eine interessante nordamerikanische Variante streut eine Handvoll Erdnüsse darüber. Wer das nicht kennt, rümpfe nicht gleich die Nase!

In meinem Backofen braucht es etwa 40 Minuten bei etwa 200 Grad. Ein würziger Feldsalat und ein leichter Rotwein runden den Genuß wunderbar ab. Als Abendessen kann ich diese Kombination nur empfehlen.

Daß der Lauch ein *Liliengewächs* ist, weiß wahrscheinlich jeder und jede, was aber wahrscheinlich nur wenige wissen, ist, daß «Weisheitskräfte, Mondenweisheit in den Liliengewächsen walten, und wo sie durch Züchtung zu Nahrungspflanzen wurden, wie bei unserer simplen Küchenzwiebel, dem Knoblauch und den anderen Lauchen (Schnittlauch, Porree usw.), zeigt sich ihre Beziehung zum Nervensystem». Das steht in einem Buch geschrieben. Wie diese Beziehung vor sich geht, wird ein paar Zeilen später konkretisiert, indem es heißt, daß die Zwiebel «das Seelisch-Geistige tief in den Leib führt».

Schmeichelhaft für Zwiebelfresser. Nicht sosehr für Zwiebelmuffel und überhaupt für diejenigen, die nicht der Vorliebe für Zwiebeln, Lauch und Knoblauch frönen, denn vom gleichen Buch erfahren wir auch, daß der Konsum von zu Nahrungspflanzen gezüchteten Liliengewächsen in direktem Zusammenhang mit der Intelligenz steht:

«Es ist nicht von ungefähr, daß jene östlichen Völker, die an der Ausbildung des Gehirns als der psychologischen Grundlage des Erdenverstandes besonders beteiligt waren (Chaldäer, Summerer, Juden), auch heute noch mit Vorliebe jene Liliengewächse genießen.»

Das alles und vieles mehr steht in einem wundersamen Buch, das ich irgendwann auf einem Wohltätigkeitsbasar für eine Mark erstand, und dessen Untertitel das Buch für mich erst attraktiv machte: Der Titel ist belanglos: «Ernährungslehre». Der Untertitel hingegen verspricht Wundersames: «Zum Verständnis der Psychologie der Verdauung und der ponderablen und imponderablen Qualitäten der Nahrungsstoffe». Geschrieben wurde das Buch von Dr. Rudolf Hauschka und veröffentlicht im Jahre 1951 im Verlag Vittorio Klostermann in Frankfurt am Main.

Wer es noch nicht wußte, weiß es jetzt und hat keine Ausrede mehr: Zwiebeln, Lauch und Knoblauch sind Weisheitskräuter. Wer sie meidet, ist dumm und bleibt dumm. Wer sie verzehrt, ist intelligent und wird immer intelligenter.

Jetzt endlich weiß ich, warum die Schwaben sooo gscheidt sind: Wegen des Zwiebelkuchens.

XIX. **Das Wiegenlied der Zwiebel**
Zwiebeln braucht der Mensch

Nie habe ich jene Menschen verstanden, die keine Zwiebeln mögen. Rote Beete oder gar gekochte Karotten darf der Mensch nicht mögen, aber Zwiebeln zu verschmähen, kann nur Zeichen einer gestörten Seele sein. Schon in meiner Kindheit war ich völlig verständnislos, wenn ein Freund mir offenbarte, er möge die Kartoffelomelette ohne Zwiebeln. In meinem inzwischen nicht mehr kurzen Leben bin ich immer wieder auf Menschen, nicht nur auf Kinder, gestoßen, die die Zwiebeln aus der Suppe oder gar aus der Tomatensoße fein säuberlich rauspuhlen und den Tellerrand damit verzieren. Die verschmähten Zwiebeln liegen dann wie kostbares Strandgut auf dem Tellerrand. Tut das einer meiner Gäste, werde ich kaum Lust verspüren, ihn wieder einzuladen.

Zwiebeln braucht die Küche, und Zwiebeln braucht der Mensch. Möglich, daß ein Mensch ohne Zwiebeln auskommen kann, aber das reine Auskommen hat noch nicht viel zu bedeuten, denn auskommen kann mensch ohne vieles, sogar ohne Mann bzw. ohne Frau kann mensch auskommen. Es geht schon, aber beneidenswert ist es keinesfalls – das Auskommen ohne Zwiebeln, meine ich.

Sind Zwiebeln in der Küche, ist fast jede Situation, und sei sie noch so unerwartet, gerettet: Mit Zwiebeln ist schnell eine schmackhafte Tomatensoße zu improvisieren, ein einfacher Reis zu kochen, ein Stinkkäse in einen herrlichen Käsesalat zu verwandeln, ein Tomatensalat anzureichern, eine Kartoffelsuppe zu beleben, eine Zwiebelsuppe herzuzaubern, eine spanische Omelette mit nur Eiern und Kartoffeln dazu auszubacken... Was wären Kässpatzen ohne Zwiebeln? Wie fade wäre die ohne Zwiebeln gekochte Gemüsesuppe, wie ungar die ohne Zwiebeln gegarte Gemüsepfanne! Durch Zwiebeln wird ein Grünsalat lebendig, und durch Zwiebeln wird ein Tomatensalat spritzig. Allerdings muß die Zwiebel je nach Sorte und je nach Gericht feinfühlig behandelt werden. In diesem Wunderland habe ich die Neigung festgestellt, die Zwiebeln grundsätzlich ganz klein zu hacken. Das tue ich nur für Vinaigrette. Für jedes Gericht müßte die Zwiebel anders geschnitten werden: Für Soßen ziemlich klein, für Suppen sehr grob, für Gemüsepfannen mittelgroß (in Würfel oder Ringe), für Grünsalat in dünne Ringe, für Tomatensalat in nicht ganz so dünne Ringe oder Würfel... Der Härte und Schärfe der Zwiebel versuche ich außerdem beim Schneiden Rechnung zu tragen.

Zum Heulen

Zum Heulen bringen mich die Zwiebeln normalerweise nicht. Tun sie es, lasse ich während des Schneidens den Wasserhahn leise laufen und bilde mir ein, daß es helfe, denn die Hausfrauen meinen, es hülfe.

Eher bringt mich zum Heulen das Fehlen der Zwiebeln. Ohne Zwiebeln ist die Situation in einer Küche so verzweifelt wie ohne Salz oder Öl. Weh dem, den das Wochenende ohne Zwiebeln erwischt. Dessen Lage ist ähnlich verzweifelt wie die des Rauchers ohne Tabak. Eigentlich viel verzweifelter, denn Tabak ist an jedem Automat um die Ecke zu kriegen, während Zwiebelautomaten meines Wissens noch nicht installiert sind. Ein Unding, wenn wir überlegen, daß sogar Kondome aus Automaten zu kriegen sind. Unseren Grundbedürfnissen wird sehr unterschiedlich Rechnung getragen.

Brot und Zwiebeln

Gerne esse ich die sogenannten Frühlingszwiebeln mit Salz und Brot, allerdings nur dann, wenn sie ganz jung und frisch sind. Sonst sind sie mir zu streng. Und bei dem Genuß der Frühlingszwiebeln mit Salz und Brot denke ich immer wieder an jenen spanischen Spruch, der die Größe einer Liebe bescheinigen soll: «Contigo, pan y cebolla». Was so viel bedeutet wie: Ich liebe dich so sehr, daß ich mit Brot und Zwiebeln auskommen könnte, wenn ich nur mit dir leben dürfte: «Mit dir (reichen mir) Brot und Zwiebeln».

Cäcilie Petersilie

Aus unserer Berliner Zeit ist meiner Frau und mir ein Vers in Erinnerung geblieben, den wir uns immer wieder vorsagen. Wir lasen ihn auf einer Litfaßsäule hinter dem Schillertheater:

Cäcilie Petersilie
war keusch wie eine Lilie,
bis der Herr von Zwiebel kam
und sie in sein Beet mitnahm.

Der Autor wußte anscheinend nicht, daß auch die Zwiebel, die er in seinem Vierzeiler als eine Art Don Juan schildert, zu den Liliengewächsen gehört, sonst hätte er nicht gerade hier ausgerechnet die Lilie als Inbegriff der Keuschheit besungen, was übrigens nicht seine Erfindung ist, wie jede ordentlich katholisch erzogene Person mitbezeugen kann: In meiner Kindheit blühte regelrecht der Josephskult als eine vom bescheidenen Joseph längst verdiente kompensatorische Ergänzung zum ausufernden Marienkult. So sehe ich heute noch vor mir die rührenden Bilder und Statuen, die den genügsamen Joseph, den Mann der Maria, mit seiner treu gelangweilten Miene und mit einer riesigen Lilie in der Hand darstellten. Jene Lilie in Josephs Hand diente als Zeichen einer aufopfernden, unverwüstlichen Keuschheit. Merkwürdig diese abgrundtiefen Unterschiede zwischen Verwandten! Auch vom Knoblauch, einem anderen berühmten Liliengewächs, wird gemunkelt, er stärke die Potenz, sei also alles andere als keusch. Na ja, es soll auch Familien geben, denen sowohl eine Nonne als auch eine Nutte angehören. Nicht üblich, aber doch möglich.

Wie dem auch sei, ohne Lilien kann jede Küche auskommen, nicht so ohne Zwiebeln.

Die Zwiebeln Ägyptens

Schon das biblische Volk bestätigte auf eindrucksvolle Weise die Unentbehrlichkeit der Zwiebeln: Was vermißten die von der ägyptischen Sklavenschaft befreiten Israeliten mitten in der Wüste so sehr, daß sie den Moses in ernste Schwierigkeiten brachten? Den Knoblauch und die Zwiebeln Ägyptens.

Die müssen allerdings besonders gut gewesen sein, wie die aus meiner Kindheit wahrscheinlich, die ich noch heute nach Jahrzehnten und nach einer mit einem gewissen Erfolg erfolgten Eindeutschung vermisse: Große, zarte, milde Zwiebeln. Denn Zwiebel ist nicht gleich Zwiebel. Das erkennt Mensch schon an ihren Aussehen. Wie denn? Ich kann es nicht im einzelnen sagen, wie bei den Bohnen und Kichererbsen auch nicht: Eine bestimmte Form, eine bestimmte Färbung, ein bestimmter Glanz verraten mir, wie zart und wie mild die Zwiebel ist. Abgesehen von den bitteren Tränen, zu denen schärfere Zwiebeln zwingen, für den Topf und für die Pfanne ist der Unterschied zwischen Zwiebeln nicht sehr gravierend. Anders für den Salat, der von zarten, milden Zwiebeln vervollkommnet, von scharfen aber völlig versaut wird.

Die Zwiebeln, die ich aus meiner Kindheit kenne, heißen hier Gemüsezwiebeln, sind aber in diesem fast perfekten Land selten wirklich gut, denn hier fehlt ihnen meistens die Frische; nicht selten sind sie angefault oder gar verdorben. Ein Jammer!

Aus dem Familienalbum

Für die Zähne sollen sie auch sehr gut sein, die Zwiebeln. Der Großvater meiner Frau mütterlicherseits soll die Zwiebeln nur so gegessen haben, als wären sie Äpfel. Ergebnis: Er verfügte bis zu seinem Tod über ein prächtiges Gebiß. Nehmen wir ruhig an, es lag an den Zwiebeln.

Meine Schwiegermutter selig benutzte die Zwiebelschalen dazu, Ostereier zu färben. Sie wickelte die rohen Eier in Zwiebelschalen fest ein und kochte sie dann. Auf diese Weise bekamen die Eier eine sehr schöne bräunlich gescheckte Färbung. Meine

Schwiegermutter selig pflegte uns jedes Jahr zu Ostern derlei gefärbte Eier zu schicken. Unsere Töchter waren entzückt. Meine Frau war gerührt. Ich war verblüfft.

«Las nanas de la cebolla»

Undenkbar in Deutschland, daß eines der schönsten Gedichte dieses Jahrhunderts die Zwiebel als Protagonistin haben könnte. Das ist aber der Fall in Spanien. Und es wird die Deutschen um so mehr erstaunen, als es sich dabei nicht um eine Satire handelt; es handelt sich dabei um hochgradige Lyrik: Miguel Hernández schrieb das Gedicht in einem Gefängnis, wo er seinen Einsatz für die Republik verbüßte: Er denkt an seine Frau und an den neugeborenen Sohn, der in dieser Zeit der Not die Milch einer Mutter kriegt, die kaum was anderes als Zwiebeln zu essen bekommt, und schreibt ein Wiegenlied, das Wiegenlied der Zwiebel, «Las nanas de la cebolla». Ich bemitleide die Menschen, die kein Spanisch können und dadurch beispielsweise keinen Zugang zu den Gedichten des Miguel Hernández haben. Aber das läßt sich ändern, denn Spanisch ist erlernbar, wenn auch nicht so leicht, wie mancher Deutsche glaubt, denn... spanische Sprache, schwere Sprache! Erlernbar ist sie aber allemal, mit einiger Mühe allerdings und vielen Zwiebeln, denn, wie ich schon mal anderswo erwähnte, der Zwiebel als Liliengewächs haftet auch noch ein anderer Ruf an, diesmal kein anrüchiger: Die Zwiebel soll nämlich die Intelligenz stärken.

Meinen Spanischschülern empfehle ich jedenfalls den fleißigen Verzehr von Zwiebeln. Der Erfolg ist verblüffend.

XX. Nicht die Bohne

«Das interessiert mich nicht die Bohne.» Nicht gerade eine Liebeserklärung, weder an die angesprochene Sache noch an die Bohne selbst. Wer aber die unscheinbare Bohne dermaßen verschmäht, braucht sich nicht zu schämen, denn er befindet sich in bester und ältester literarischer Gesellschaft: Gottfried von Straßburg erzählt in seinem Tristan, «sie hätten für ein besseres Leben nicht eine Bohne gegeben».

Sehr viel ist die Bohne in Deutschland in der Tat nicht wert, obwohl ihr via Sprichwort hochmusikalische Qualitäten attestiert werden.

Meine etymologische Neugier hat mich auch wegen der Bohne meinen vertrauten Kluge konsultieren lassen, der mir eröffnet hat, das Wort Bohne habe seinen Ursprung in der indogermanischen Wurzel *bha,* die ursprünglich eine aufgeblähte Backe bezeichnete. Ans Blähen denken wir alle bei der Bohne, sogar an das Blähen der Backen, allerdings nicht gerade an das Blähen der Gesichtsbacken. So einfach und doch so verschlungen sind manchmal die Wege der Sprache.

Grüne Bohnen

Bis zur Neuzeit sei mit dem Wort Bohne lediglich die Saubohne gemeint gewesen, verrät uns weiter mein nüchterner Kluge, denn die sogenannte Kochbohne sei amerikanischer Herkunft, was ich selber geglaubt hatte, bis ich vor kurzem las, es sei nicht eindeutig erwiesen, wo diese musikalisch hochbegabte Hülsenfrucht ihren Ursprung habe.

In Deutschland ganz sicher nicht, obwohl sie sich in Deutschland wachsender Beliebtheit erfreut, vor allem als grüne Bohne, wobei ich gestehen muß, daß ich die hiesige Neigung, die grüne Bohne erst zu pflücken, wenn die Böhnchen in der Schote sich richtig ausgebildet haben, für eine Unsitte halte, denn dann ist die Schote nicht mehr zart. Die Zartheit der grünen Bohne hängt übrigens auch sehr stark von der Sorte ab. Ich bevorzuge die breiteren, flacheren, die nicht fasrigen, die sich einfach brechen lassen ohne Zutun des Messers. Das leise Knacken beim Brechen ist ein Vergnügen.

Hier mein Lieblingsrezept bei grünen Bohnen: Nicht zu weich gekochte Bohnen mische ich mit gekochten in nicht zu dünne Scheiben geschnittenen Salatkartoffeln und würze sie ausschließlich mit Salz und Olivenöl. Meine Frau mag sie noch lieber, wenn ich ziemlich viel kleingehackten Knoblauch dazu gebe. Schneide ich gekochte Eier darein und serviere einen grünen Salat dazu, so haben wir schon ein tolles Mittagessen für Sommertage. Sind unsere Töchter beim Essen dabei, darf ich keinesfalls Knoblauch verwenden, denn die jungen Damen wollen keinesfalls «stinken».

Auch köstlich sind die grünen Bohnen mit Schinken: Ich breche sie in etwa drei Zentimeter lange Stücke und koche sie leicht, daß sie einfach weich werden. Weich aber nicht lätschert. Mit Dampf koche ich sie am liebsten. Inzwischen habe ich Schinken in Würfel geschnitten und Knoblauch klein gehackt. Am besten ist natürlich ein luftgetrockneter Schinken. Der leicht geräucherte tut es auch, zumal der luftgetrocknete in diesen Breitengraden sündhaft teuer ist. Im Olivenöl dünste ich den Knoblauch und die Schinkenwürfel leicht an und gebe die leicht gekochten Bohnen dazu, so daß auch sie kurz mitgedünstet werden. Als Würze reicht mir etwas Salz, lieber grobes. Dieses Bohnengericht ergibt einen vorzüglichen ersten Gang. Es kann sogar als kleines Abendessen dienen, mit einem leichten Brot dazu, versteht sich. Vollkorn oder gar Schrot wären in diesem Fall zu rauh für die zarten Bohnen. Ein nicht schwerer trockener Rotwein ist nicht zu verachten.

Bohnensuppe

Ein ganz anderes Kapitel bilden die trockenen Bohnen, deren es auch unzählige Sorten gibt: Rote und schwarze und braune und weiße und scheckige und kleinere und größere und sehr große und rundliche und länglichere und rauhere und glattere... Denen allen ist gemeinsam, daß sie am Abend davor eingeweicht werden müssen und daß sie kalt und ohne Salz angesetzt werden, anders als die Kichererbsen, die ins kochende Wasser kommen. Also, kalt und ohne Salz!!! Erst nach dem Kochen salzen, denn sonst werden sie nie und nimmer richtig weich!!!

Man kann sie ohne alles kochen, um sie dann zu Salat zu verarbeiten oder als Beilage zum Fleisch, zum Lammfleisch zum Beispiel, zu servieren, wie ich es bei Griechen, Kurden und Türken beobachtet habe.

Aus Nordspanien kenne ich das nicht. Was ich von meiner Kindheit und Jugend her kenne, sind die verschiedenen Bohneneintopfgerichte, alle im Grunde ganz einfach und sehr deftig, wie es sich für eine Bauernküche gehört: In den Topf kommen – wahlweise oder zusammen – sowohl Suppenfleisch als auch Schweinerippen, Speck, Knochen, Paprikawurst (spanisch «Chorizo»), und auch (feste) Blutwurst. Knoblauch und Zwiebeln sollen mitkochen. Eine kleine Peperoni und ein Lorbeerblatt tue ich gerne hinein.

Wir können selbstverständlich das Fleisch und die Zwiebeln zunächst in Öl dünsten, um sie dann in den Topf zu geben. Manchmal mache ich ein regelrechtes Gulasch extra und mische es dann mit den Bohnen, die vom Vortag übriggeblieben sind. Wird dieses Gulasch sehr scharf gewürzt, ist das nicht viel anders als das berühmte «Chili con carne», wovon in Lateinamerika verdiente deutsche Entwicklungshelfer und deren Freundinnen schwärmen.

Wie lange sollen die eingeweichten Bohnen kochen? Wie üblich hängt das von der Sorte ab. Und vom Topf. Im Schnellkochtopf benötigen sie zwischen 35 und 50 Minuten, im normalen Topf um die drei Stunden. Schlechte Sorten werden nie richtig weich.

Und sämig soll die Bohnensuppe werden, nicht zu trocken also und auch nicht zu flüssig, was nicht nur von der Wassermenge, sondern auch von der Bohnensorte abhängt. Es gibt halt Sorten, die nie eine sämige Suppe ergeben. Solche Sorten eignen sich dann für Salate, aber nicht für Eintöpfe, denn sämig müssen sie sein. Sonst ist ein Bohneneintopf so mißlungen, daß selbst ich, Bohnensüchtiger, sagen würde: «Das interessiert mich nicht die Bohne.»

XXI. Vom Knoblauch
Vorsichtige Annäherung

Keines der Liliengewächse hat in Deutschland einen so zweifelhaften Ruf wie der Knoblauch. Es gab eine Zeit, wo ich mir vorgenommen hatte, der Abneigung der Deutschen gegen den Knoblauch auf die Schliche zu kommen, wobei ich nicht mal wußte, ob es wirklich stimmt, daß die Deutschen so etwas wie Berührungsangst gegenüber dem Knoblauch empfinden.

Alles war also offen in meiner Untersuchung, und ich fing mit einer altbewährten Methode an: Ich zog die einschlägigen Lexika zu Rate.

Da ich es zu Hause habe, fing ich beim braven *Etymologischen Wörterbuch* von Kluge an. Dort erfuhr ich, daß der Knoblauch früher *Kloblauch* hieß und daß er schon im 11. Jahrhundert den Sprung zum klangvolleren Namen «Knoblauch» geschafft hatte. «Kloblauch» hatte es aber deswegen geheißen, weil hier die germanische Wurzel *klub* zugrunde liegt, deren Bedeutung in Richtung *spalten* geht. Der Knoblauch heißt also so «nach seinem in Zehen gespaltenen Wurzelkopf». Eine bescheidene Erkenntnis, aber immerhin, denn jetzt wußte ich, daß die Bezeichnung Knoblauch rein sachlich ist, denn in ihr spiegeln sich keine Gefühle wider, keine positiven, wie beim Augentrost, aber auch keine negativen, wie beim Stinkkäse. Und ich wußte auch, daß das Wort Knoblauch urdeutsch ist, also nicht, aber gar nicht importiert, gar nicht, aber gar nicht fremd oder fremdartig. Nicht uninteressant!

Danach ging ich in die Stadtbibliothek und befragte alle Lexika, die da unter der Rubrik Nachschlagewerke stehen. Meine Ausbeute entsprach nicht meinen Erwartungen. Ich fand nichts Sensationelles und kaum was Anrüchiges.

Nur der *Neue Knaur* bestätigte offen den schlechten Ruf des Knoblauchs als Stinkpflanze: «Nutzpflanze aus der Familie der

Liliengewächse, hauptsächlich in Südeuropa angebaut, Zwiebeln aus Einzelteilen bestehend, mit aromatischem Geschmack und *unangenehmem Geruch*». Der Neue Knaur gibt es unumwunden zu: Der Knoblauch stinkt, obwohl er vorzüglich, aromatisch sogar, schmeckt. Von alleine wäre ich nie darauf gekommen, den Knoblauch einerseits als aromatisch und andererseits als stinkig zu bezeichnen. Aber ich bin ja kein Urdeutscher.

Die *Neue Herderbibliothek* geht mit Gefühlen zurückhaltender um: «...ein Lauch *mit charakteristischem Geruch*». Man spürt regelrecht, wie die Neue Herderbibliothek schon beim bloßen Gedanken an den Knoblauch die Nase rümpft, sich aber gleich vornehm zusammennimmt: Knoblauch riecht eben nur charakteristisch, das heißt, er riecht nach Knoblauch, aber stinken tut er nicht. Fast wird hier der Knoblauch wie eine Person behandelt.

Und weil der Knoblauch nach Knoblauch riecht, obwohl er nicht nach Knoblauch schmeckt, sondern viel besser, deswegen war er angeblich schon im alten Griechenland und im etwas weniger alten Rom kein aristokratisches Gewürz: Die *Brockhaus Enzyklopädie* weiß aus guter Quelle: «In Griechenland und Rom war Knoblauch ein Gewürz, *das von den Vornehmen verachtet*» wurde. Warum diese Verachtung durch die Vornehmen, das verrät uns die Brockhaus Enzyklopädie nicht. Gewiß war es wieder der charakteristische Geruch. Was denn sonst? Tja! Was denn sonst?! Es gäbe vielleicht noch was anderes, dachte ich mir ganz vorsichtig, denn es handelte sich dabei um eine ganz unreife Vermutung.

Die anderen Lexika enttäuschten mich, denn keines von ihnen erwähnte den schlechten Ruf vom Knoblauch. Nur *Meyers Enzyklopädisches Lexikon* gestand halbherzig, Knoblauch sei ein «*stark riechendes Liliengewächs*». Eine wahrhaft wertfreie Beschreibung.

Zu eng in Berührung mit dem Knoblauch schienen die von mir konsultierten deutschen Lexika auch nicht kommen zu wollen, denn sie wiesen gerne darauf hin, daß der Knoblauch «noch heute auf dem Balkan und in Vorderasien weit verbreitet ist» (so die Brockhaus Enzyklopädie) oder daß dieses «Liliengewächs hauptsächlich in Südeuropa angebaut wird» (so der Neue Knaur). Allerdings gesteht uns die Brockhaus Enzyklopädie freimütig, daß der Knoblauch gar nicht so undeutsch sein kann, denn «schon vor der Ankunft der Römer war Knoblauch den Germanen bekannt». Bekannt und auch geschätzt, nur von den Unvornehmen etwa? Keine Auskunft.

Einig waren sich die von mir konsultierten Lexika alle darüber, daß der Knoblauch *heilende Wirkung* besitzt. Der Neue Knaur, der dem Knoblauch einen vorzüglichen Geschmack und einen üblen Geruch bescheinigt hatte, blieb allgemein: Knoblauch sei eine Nutzpflanze, werde als Gewürz und Droge verwendet und besitze «Inhaltsstoffe mit antibakteriellem Effekt». Genaueres erfuhr ich von *Meyers Neuem Lexikon*: Knoblauch werde «auf Grund seines Gehaltes an Alliin medizinisch unter anderem bei Arteriosklerose, hohem Blutdruck, Darmkatarrh sowie bei Leber- und Gallenleiden verwendet». Hoffentlich mit Erfolg.

Aber stinken tut er halt, der Knoblauch.

Die Ausbeute aus meinem Ausflug in der Welt die Lexika war nicht umwerfend, eher ernüchternd. Die Ernüchterung steigerte sich zur offenen Enttäuschung, als ich zwei weitere Lexika konsultierte, die ich mir inzwischen angeschafft habe: Weder das dreibändige *Lexikon der sprichwörtlichen Redensarten* von Herder noch Kletts achtbändiges *Illustriertes Lexikon der deutschen Umgangssprache* wissen von irgendwelchen deutschen Ausdrücken im Zusammenhang mit dem Knoblauch zu berichten.

Enttäuscht und ratlos stand ich da. Nicht einmal eine gesicherte Erkenntnis hatte ich darüber gewonnen, ob und warum «die Deutschen» den Knoblauch nicht mögen. Zu meiner Enttäuschung und Ratlosigkeit gesellte sich eine echte Überraschung: Die Lexika verloren kein Wort über einen Ruf, der dem Knoblauch fast so fest wie sein «charakteristischer» Geruch anhaftet: Ist der Knoblauch tatsächlich ein Aphrodisiakum, das heißt, stärkt er die Potenz, oder noch alltäglicher formuliert: Macht Knoblauch geil? Mir schien es sehr unwahrscheinlich, daß die Autoren nichts von diesem tollen Ruf des Knoblauchs wußten. Warum schwiegen sie dann? Aus Scham? Entbehrt dieser Ruf einer wissenschaftlich gesicherten Grundlage? Ist die Frage als solche nicht ernst genug für ein ernstzunehmendes Lexikon?

Seit Jahren trage ich diese Frage mit mir rum. Gelesen habe ich einiges darüber, gehört nur sehr weniges. Alles nur Anspielungen. Aus eigener Erfahrung kann ich leider auch nichts Gesichertes zur Klärung dieser Lebensfrage beitragen, denn mein eigenes Sexualleben habe ich in bezug auf den Verzehr von Knoblauch bisher nicht wissenschaftlich begleitet, geschweige denn begleiten lassen. Auch für die nächste Zukunft habe ich nichts Derartiges vor. Vorerst werde ich mich damit begnügen, sowohl den Knoblauch als auch den Sex wohl in Begleitung, aber durchaus ohne wissenschaftliche Begleitung zu genießen.

XXII. Mein erster Leichenschmaus

Wieder muß ich gegen das Gefühl ankämpfen, etwas ungemein Frivoles zu tun: «Wie kannst du nur am Tag der Trauerfeier für die Opfer von Solingen dich hinsetzen und über Essen und Kochen schreiben?» Heute mittag war ich mehrere Male den Tränen nah, als ich jene Frauen und Männer sah, die trauerten, nicht still und vor sich hin trauerten, sondern offen und vor uns allen. Jetzt ist es Abend und, obwohl mich jene Bilder nicht verlassen, begleiten sie mich jetzt nur noch, sie verfolgen mich nicht mehr. Inzwischen habe ich zweimal gegessen, einmal eingekauft, einmal gekocht. Es ist Abend geworden, einer dieser verzauberten Abende, die uns Stuttgart immer wieder beschert, einer dieser Abende, an denen das Leben als besonders lebenswert erscheint. Und das Leben hat sich durchgesetzt. Trotz der Trauerfeier für die Opfer von Solingen. Ich lebe in Trauer, aber ich lebe.

Vorgestern ging es mir nicht unähnlich. Vorgestern vor dreißig Jahren hatte ich meine Frau kennengelernt. Wenn das kein Grund zum Feiern ist? So hatte ich für vorgestern gute Freundinnen und Freunde zum Feiern eingeladen. Zu einem richtigen Schmaus. Dann kam Solingen, drei Tage davor, und ich hätte fast die Feier abgesagt: «Wie kannst du nur mitten in dieser Trauer und in dieser Wut einen Schmaus veranstalten?»

Mein erster Leichenschmaus
Mir kam mein erstes Erleben eines Leichenschmauses in den Sinn. Der Ausdruck war mir bis dahin immer geschmacklos bis makaber vorgekommen. Ich kannte ja nur den Ausdruck, nicht die Wirklichkeit. Bis ich dann den Leichenschmaus nach der Beerdigung meines Schwiegervaters erlebte. In Bayern:

Es war ein heißer Sommertag. Auf dem Friedhof schwitzten wir in unserer Trauerkleidung. Die Trauermesse war lang gewesen.

Der Pfarrer hatte eine beachtliche Predigt gehalten, obwohl mein Schwiegervater nicht gerade fromm gewesen war. Auf dem Friedhof verlief alles ruhig und gedämpft. Nach dem Friedhof gingen wir Verwandten in die Wirtschaft. Dort wurde zuerst leise gesprochen – über den Toten, über frühere Tote, über die nächsten Toten... Dort wurde zuerst Kaffee getrunken und Kuchen gegessen. Andächtig. Nur allmählich löste sich die Beklemmung, allmählich wurden die ersten Maß Bier bestellt und dann die zweiten, allmählich tauchten die Wurst- und Käseplatten auf den Tischen auf, allmählich wurden die Stimmen etwas lauter und dann ausgesprochen laut... Nach einer Stunde herrschte eine Stimmung, die von der einer Hochzeit kaum zu unterscheiden war. Und ich wunderte mich darüber, wie wohl ich mich dabei fühlte, obwohl ich nur ein einziges Bier getrunken und bis dahin den Leichenschmaus für einen ziemlich barbarischen Brauch gehalten hatte.

Ich hatte mich mitreißen lassen. Instinktiv hatte ich den Sinn einer Sitte begriffen, die ich bis dahin für eine Unsitte gehalten hatte: Jede Trauer hat eine Grenze. Die Trauer darf nicht in Trauer enden. Der Tod darf sich nicht durchsetzen. Das Leben muß sich durchsetzen, trotz alledem. Wir leben ja weiter. Die einzige Art und Weise, den Tod zu überwinden ist, das Leben zu bejahen. Nur die Freude, nur die Gemeinschaft, die Freundschaft und die Liebe heilen die Wunden der Trauer. Wenn wir in Trauer verharren, gewinnen die Feinde des Lebens. Und das Leben geht eben weiter. Wir können ja freiwillig vom Leben Abschied nehmen, wenn wir aber leben, dann müssen wir leben.

So oder ähnlich kann die Weisheit lauten, die ich an jenem Sommernachmittag in Bayern begriff.

Das ist auch der Grund, warum Adornos Worte, nach Auschwitz dürfe keine Lyrik mehr geschrieben werden, sich nicht erfüllt haben, sich nie erfüllen werden und sich nie erfüllen sollen.

Dreißig Jahre Kennenlernen

Mitten in der Trauer und der Wut um die Opfer von Solingen den Tag zu feiern, an dem ich meine Frau vor dreißig Jahren kennengelernt hatte, kam mir nach solchen Überlegungen und Erinnerungen nicht mehr wie eine Entweihung vor, obwohl meine Stimmung an jenem Abend nicht richtig fröhlich werden konnte. Aber so ist das Leben eben, eine Mischung, ein Durcheinander, eine riesige Zweideutigkeit, fast ein riesiges Mißverständnis. «Traurig ist unser Lied» – schrieb Rosalía de Castro, die große Dichterin Galiciens – «traurig ist es. Aber was sollen wir tun, wenn wir kein besseres haben?»

Also doch singen, also doch weiter leben und weiter feiern und weiter essen und trinken und uns weiterhin an der Freundschaft und an der Liebe ergötzen, denn zum Sterben ist es immer zu früh.

Wie beim Leichenschmaus.

Das christliche Abendmahl

Was die meisten Christen sicher nicht wissen ist, daß der zentrale Akt ihres Glaubens, das Abendmahl nämlich, in seinem Ursprung und in seiner Struktur nichts anderes als einen Leichenschmaus darstellt: Im Rahmen einer Totenmahlzeit wird das Leben bejaht. Ja sogar die katholische Messe muß an einem Altar gefeiert werden, in dessen Mitte Knochen einer oder eines Heiligen eingelegt sind. Dadurch wird der Altar zu einem Grab, die Messe zu einer Grabparty. Eine Sitte übrigens, die in vielen Kulturen praktiziert wird: Erst vor kurzem erzählte uns eine kurdische Freundin, wie im Dorf ihrer Eltern – alewitischen Glaubens – vierzig Tage nach dem Tod am Grab ein Festmahl veranstaltet wird. Und auch erst vor kurzem sah ich in einer Fernsehreportage, wie ganze Familien in Hongkong in den engen Friedhöfen am Grab ihrer Verwandten richtige Parties veranstalten. Die ach so aufgeklärten und gesitteten Mitteleuropäer werden eine solche Party als Entweihung empfinden, ohne daran zu denken, daß das christliche Abendmahl im Kern nichts anderes als eine solche Party ist. Und nur die wenigsten ach so aufgeklärten Europäer werden gemerkt haben, daß das christliche Abendmahl auf eine zusätzliche, sehr makabre Weise die Bezeichnung Leichenschmaus verdient, denn beim christlichen Abendmahl wird das Fleisch des Toten gegessen und dessen Blut getrunken, für die Evangelen rein symbolisch, für die Katholen echt: «Nehmt und eßt! Das ist mein Leib... Trinket alle daraus! Das ist mein Blut.» (Matthäus 26, 27) Das geht eindeutig zu weit, Symbolik hin oder her.

Der grüne Heinrich und der Totentanz

Eine höchst interessante Variante vom Leichenschmaus fand ich in dem Klassiker «Der grüne Heinrich» von Gottfried Keller. Von selbst hätte ich wahrscheinlich dieses Buch nie gelesen, wäre nicht eine Bürokollegin, die mein Deutsch fast so mochte wie mich, auf die glückliche Idee gekommen, mir das Buch zu schenken. Da ich meine Bürokollegin auch sehr mag, habe ich gleich angefangen, das Buch zu lesen. Ein ganzes Kapitel unter dem Titel «Totentanz» ist einer Beerdigung gewidmet. Nach der Beerdigung wird der Leichenschmaus, der dort etwas dezenter «Leichenmahl» genannt wird, beschrieben. Ich fühlte mich in die bayrische Gaststätte zurückversetzt, in der wir meines Schwiegervaters gedacht hatten. Die Schweizer Bauern bei Gottfried Keller brauchen allerdings zwei Stunden, um die Beklemmung zu überwinden. Bei uns in Bayern hatte eine Stunde gereicht. Ich erlaube mir, die wunderbare Passage zu zitieren:

«Anfänglich wurde mäßig und bedächtig gesprochen und die Speisen in großer Ehrbarkeit eingenommen. Die Bauern saßen aufrecht an ihre Stühle oder an die Wand gelehnt, in beträchtlichem Abstand vom Tische, und stachen die Fleischbissen mit feierlich ausgestrecktem Arme an, die Gabel am äußersten Ende haltend.

Nach Verfluß zweier langer Stunden näherten sich die Roheren unter den Gästen immer mehr dem Tische, legten die Arme darauf und begannen nun erst ein fleißiges Essen, wozu sie den Wein in tiefen Zügen schluckten.»

Was bei Gottfried Keller danach kommt, habe ich in Bayern allerdings nicht erlebt: Nach dem Leichenmahl wird getanzt, ein schwerfälliger alter, ja ritueller Tanz zuerst, dann aber «ging die Musik plötzlich in einen lustigen Hopser über, die Alten zogen sich zurück, und die Jugend brauste jauchzend und stampfend über den dröhnenden Boden hin.»

Der alte Schulmeister schimpft und hofft, dieser barbarische Brauch werde endlich abgeschafft, denn, obwohl er «das Alter» ehrt, findet er «alles, was so heißt» «doch nicht ehrwürdig und tauglich». Keller indessen betrachtet das Leichenmahl samt Tanz als «eine heitere Ergebung in den Lauf der Dinge und das Recht des Lebens gegen den Tod».

XXIII. Ein Deutsches Gericht

Seines Hinterbänklerdaseins überdrüssig, machte im Jahre 1993 ein Bundestagsabgeordneter mit einem äußerst kreativen Vorschlag von sich reden. Ich – und mit mir die gesamte, an ihrer eigenen Regenerationskraft zweifelnde Wunderrepublik – staunte einmal wieder über jenen mächtigen Ausbruch des politischen Potentials, das offensichtlich doch noch in unseren unterbezahlten Volksvertretern schlummert. Allen Unkenrufen zum Trotz steht der deutsche Geist noch nicht vor dem Aus.

Jedes welsche Restaurant sollte per Gesetz dazu gezwungen werden, in seiner Speisekarte mindestens ein deutsches Gericht zu führen – hat der besagte Bundestagsabgeordnete angeregt. Eine Initiative, die von jedem volksbewußten Deutschen begrüßt werden sollte, denn sie speist sich aus den Urquellen der menschlichen Erkenntnis:

Man ist, was man ißt

Gyros macht übertrieben selbstbewußt und laut, durch Spaghetti wird der schunkelnde Deutsche opernfreundlich, aber auch unzuverlässig, der Paellakonsum steigert den Stolz bis ins Unermeßliche, und wer regelmäßig Tofu und Sojasprossen verzehrt, kriegt Schlitzaugen. Deutsche bleiben nur diejenigen, die deutsch essen. Insofern greift der Vorschlag des Hinterbänklers zu kurz, denn in diesen Zeiten, in denen die deutsche Identität wie nie zuvor durch künstliche Zufuhr fremder Bestandteile bedroht ist, wären nur drastische Maßnahmen vernünftig genug: Deutsche sollten ausschließlich in deutschen Restaurants, Undeutsche ausschließlich in welschen Lokalen essen. Per Gesetz. Eine gastronomische Version der Nürnberger Rassengesetze tut not, denn die Einverleibung fremdmachenden Erbgutes über die Speisen ist mindestens so wirkungsvoll wie die über die Samenzellen, wenn nicht noch wirkungsvoller, denn es heißt ja nicht, man sei, was man liebe, wohl aber, man sei, was man esse.

Die schier metaphysische Frage, wer oder was deutsch sei, wäre auch auf eindeutige Weise gelöst, wobei nicht verwechselt werden darf, wer deutsch und wer Deutscher sei. Wer Deutscher sei, das ist eine leicht zu beantwortende Frage: Deutscher ist ein Mensch, der einen deutschen Paß besitzt. Wer ist aber deutsch? Wohl nicht jeder Mensch, der einen deutschen Paß besitzt. Deutsch zu sein ist eine äußerst komplexe und tiefgreifende Angelegenheit, die bis in die letzten Winkel der Biologie, des Geistes und der Kultur hineingreift. Deutsch zu sein ist eine höhere Qualität des Seins, die nicht durch den banalen Erwerb eines Passes erreicht wird. Wodurch denn? Durch Vererbung als erstes, aber dann auch durch Erziehung und durch das Einatmen einer einmaligen kulturellen Luft. Und durch das Essen. Deutsch ist jener Mensch, der es in den Chromosomen hat, seine deutschen Chromosomen regelmäßig in deutscher Kulturluft lüftet und auch regelmäßig – am besten ausschließlich – sie mit deutschen Speisen füttert. Deutsch ist, wer deutsch ist, und deutsch bleibt nur, wer deutsch ißt. So einfach ist das tatsächlich. Es bleibt nur noch die Frage zu beantworten:

Wer ißt deutsch?

Nichts leichter als das! Deutsch ißt, wer Kartoffeln ißt.

Denkste! Siegfried hat nie Kartoffeln gegessen, die Nibelungen auch nicht und ebensowenig Hermann der Cherusker. Nicht einmal Walther von der Vogelweide oder gar Luther haben je Kartoffeln gegessen. Noch schlimmer! Weder Siegfried und die Nibelungen, noch der tapfere Hermann, der sensible Walther oder gar der gefräßige Luther haben je das klangvolle, urdeutsche Wort Kartoffel benutzt oder auch nur gehört, denn dieses klangvolle, unverwechselbar deutsche Wort ist gar kein deutsches Wort, genausowenig wie die Kartoffel eine deutsche Speise ist. Von den südamerikanischen Indianern stammt diese urdeutsche Knolle, während das urdeutsche Wort Kartoffel aus Italien kommt: Wegen der Ähnlichkeit mit der Trüffel entwickelte sich in Italien der Name Tarathopholi, Taratouphli, woraus die deutschen Gelehrten um 1800 Tartuffeln, Tartüffeln machten. Von da bis zur Kartoffel ist der Weg nicht weit. Das erste *t* mußte nur durch das deutschere *k* und das *u* durch das *o* ersetzt werden, um eins der deutschesten Wörter entstehen zu lassen, dsa es gibt und das wir uns vorstellen können.

Bei diesen Erkenntnissen öffnen sich Abgründe, von denen der Hinterbänkler mit seinem identitätsfördernden Vorschlag nichts ahnte. Wenn nämlich nur deutsch ist, wer deutsch ißt, dann trägt ausgerechnet Friedrich der Große die Hauptschuld daran, daß die Deutschen nicht mehr das sind, was sie mal waren, denn ausgerechnet der Preußenkönig verleitete seine Untertanen zum massiven Anpflanzen und Verzehren von Kartoffeln, wodurch er die massive, unwiderrufliche Welschung des deutschen Erbgutes einleitete. Alle Friedrichdenkmäler beruhen also auf einem peinlichen Mißverständnis.

So leid es mir tut, ich möchte fast glauben, die Rettungsaktion des Hinterbänklers kommt zu spät. Die Deutschen haben schon viel zu viel Kartoffeln gegessen. Einiges wäre vielleicht noch zu retten, indem die Deutschen beharrlich bis stetig sich im Dunstkreis des Sauerkrauts aufhielten. Eine strenge Diät aus Sauerkraut und Schwein. Als einzige Variante dann Sauerkraut und Ei, gekocht oder gerührt. Vorausgesetzt, das Schwein stammt von Schweinen ab, die zu Adolfs Zeiten den Ariernachweis erbringen konnten. Und ebenso die Hühner, von denen die Eier stammen. Nicht sehr abwechslungsreich, aber vielleicht deutsch.

Fast wäre ich geneigt zu denken, der Wunsch des Hinterbänklers sei nur zu realisieren, indem jedes Restaurant drei deutsche Richter fest einstellt und sie in voller Montur auf den Eßtisch hinstellt. Das ergäbe ein deutsches Gericht ohne Wenn und Aber. Vorausgesetzt, die drei deutschen Richter wären tatsächlich deutsch bis ins Mark. Was uns wieder mit der Frage konfrontiert, wer oder was deutsch sei.

Hatten wir das aber nicht schon mal geklärt? Deutsch ist, wer deutsch ist und deutsch ißt.

PS. Ich habe nicht behauptet, ja nicht einmal angedeutet, Dummheit made in Germany sei unübertrefflich. Sie wird tatsächlich weit übertroffen: In Frankreich werden Strafen für jene Restaurants eingeführt, die unfranzösische Bezeichnungen benutzen. In Katalonien wird allen Geschäften der Gebrauch der katalanischen Sprache unter Androhung von Strafen auferlegt. Dagegen ist unser deutscher Hinterbänkler ein ausgesprochener Kosmopolit.

XXIV. Die Krönung der Backkunst

Als Beweis für mein überzogenes Selbstbewußtsein pflegt meine Frau zu erzählen, allerdings nur im Schonraum engerer Freunde, wie ich meinen ersten Versuch in der Backkunst ausgerechnet an einer Schwarzwälder Kirschtorte unternahm. Obwohl meine Frau als kühle Mitteleuropäerin im Gegensatz zu ihrem südländischen Mann glaubt, nicht zum Übertreiben zu neigen, übertreibt sie gewaltig, wenn sie mit einem nicht zu überhörenden höhnischen Unterton von meinem überzogenen Selbstbewußtsein spricht. Möglicherweise dämmert es ihr, daß vieles, was an mir glänzt, nur Bluff ist. Mit der Schwarzwälder Kirschtorte übertreibt sie allerdings nicht. In der Tat unternahm ich meinen ersten Backversuch ausgerechnet an jener Torte, die als Königin der Backkunst gilt. Eine so hohe Meinung über die Backperle des Schwarzwaldes teile ich nicht, und trotzdem war mein erster Backversuch gewagt bis anmaßend, denn bis dahin hatte ich das Backen von Kuchen und Torten ganz meiner Frau überlassen – zur vollen Zufriedenheit ihres Mannes und unserer Töchter, denn meine Frau buk wirklich sehr gut. (Was für ein Wort! Ich habe mich beim Duden vergewissern müssen, daß die Vergangenheit von backen auch buk lauten kann, obwohl es als veraltet eingestuft wird, was mir nichts ausmacht, denn buk gefällt mir wesentlich besser als backte, wie auch frug viel schöner klingt als fragte.)

Unsere Tochter Julia und ich nahmen uns irgendwann Anfang der achtziger Jahre vor, am Geburtstag meiner Frau uns als Bäcker zu betätigen, denn der Glanz jenes Tages war bis dahin von dem Umstand angekratzt worden, daß meine Frau ihre eigene Geburtstagstorte hatte backen müssen. Ein Schönheitsfehler, den es zu beseitigen galt. So nahmen wir uns, beide des Backens völlig unkundig, vor, eine Schwarzwälder Kirschtorte herzuzaubern. Und wir gingen nicht den leichten Weg des gekauften Biskuitbodens. Nein, wir buken den Biskuitboden selbst.

Entsprechend betonartig wurde unser Biskuit auch, während die Sahne sich weigerte, steif zu werden. Wenigstens die Kirschen und das Kirschwasser verhielten sich brav. So wurde unsere Torte, wenn nicht bestaunt, so doch dankbar verzehrt.

Und so begann eine Backleidenschaft, die inzwischen nachgelassen, aber keineswegs aufgehört hat.

Bald entdeckte ich den Zauber des Vollkorns, und um diesen Zauber voll auszukosten, kaufte ich mir eine ziemlich leistungsstarke Mühle. Auf dem Höhepunkt meiner Backbegeisterung deckte ich sogar unseren ganzen Brotbedarf. Das Getreide ließ ich mir sackweise liefern, und einen nicht unbeträchtlichen Teil meines täglichen Arbeitspensums widmete ich der durchaus sinnvollen Tätigkeit des Backens von Broten und Kuchen. Heute denke ich mit Wehmut an jene Jahre, die mir sehr, sehr fern vorkommen, obwohl sie noch nicht lange vorbei sind. Damals habe ich nicht nur mein Brot verdient, nein, ich habe auch mein Brot gebacken. Diejenigen, die das nie erlebt haben, werden kaum nachempfinden können, was für ein besonderes Vergnügen das regelmäßige Mahlen, Kneten und Backen bereitet und wie ungleich voller und sinnlicher dann die alltägliche Freude des Brotverzehrens wird. Auf dem Höhepunkt jener fernnahen Jahre hatte ich mein eigenes Brot entwickelt, eine abgerundete Mischung aus Roggen, Weizen und Gerste, mit Gewürzen angereichert, mit einem Sonderferment langsam zum Gären gebracht. Auf die Gefahr hin, für einen Angeber gehalten zu werden, werde ich doch nicht zögern zu bezeugen, daß ich seither nie wieder ein so schmackhaftes, vollkommenes Brot gegessen habe. Freundinnen und Freunde, die ich damals immer wieder mit Brot beschenkte, könnten es bezeugen. Es gab sogar welche unter ihnen, die durch jenes Brot die Vorzüge des Vollkorns entdeckten und dabei blieben. Auch Kuchen, Pizzas und Torten aus Vollkorn gehörten damals zu meinem alltäglichen Repertoire, wobei ich beinahe feierlich beteuern will, um zu vermeiden, daß jemand mich dadurch in die Nähe von Naturanbetern, Kornheilaposteln oder gar Anthroposophen bringt, daß ich der nicht unaufwendigen Vollkornbackkunst deswegen frönte, weil sie das sinnliche Vergnügen ungemein steigerte. Daß sie auch noch der Gesundheit diente, nahm ich dabei gerne im Kauf.

Jene Hochzeit meines Backlebens ist inzwischen schon eine gute Weile vorbei. Unser Brot backe ich nicht mehr selbst und unseren Kuchen nur noch selten, denn nach etwa sieben Jahren der sogenannten politischen Abstinenz entdeckte ich die sogenannte gesellschaftspolitische Verantwortung wieder und nahm mir die für die Backidylle erforderliche Zeit und Ruhe wieder selber weg. Ob jene Wiederentdeckung meiner gesellschaftspolitischen Verantwortung als Glück oder als Unglück einzustufen ist, darüber darf man streiten, falls es sich überhaupt lohnt, darüber zu streiten. Ich selbst bin mir diesbezüglich keineswegs sicher. In der Tat sehne ich mich nicht selten nach jenen politikarmen, dafür aber um so brot- und kuchenreicheren Jahren.

Für einen der schönsten Reflexe aus jenen backidyllischen Jahren halte ich die Gewohnheit, zum Geburtstag meiner Frau eine Mohntorte zu backen, die schon im zweiten Jahr meiner Backetappe die Schwarzwälder Kirschtorte aus dem Feld geschlagen hatte. Das geschah ohne erkennbaren Widerstand seitens der vermeintlichen Krönung der Backkunst, denn gleich beim ersten Versuch waren wir dem Charme der **Mohntorte Black & White** mit Entzücken verfallen.

Entdeckt hatte ich sie in einem wunderbaren Vollkornbackbuch einer gewissen Ingrid Früchtel, das ich uneingeschränkt allen empfehle, die Vollkorn lieben oder lieben möchten. In dem Buch sind fast alle Rezepte einfach, besonders kompliziert ist keins, schmackhaft sind alle. Und, was wichtig ist, der Genuß und nicht irgendwelche Vollkornmystik steht im Mittelpunkt des ganzen Buches.[3]

Ein Jahr nach meinem ersten Backversuch hatte ich mich auf die Suche nach einem ausgefallenen Mohnrezept gemacht, denn ich wollte meine notorisch mohnsüchtige Frau zu ihrem Geburtstag beglücken. Dabei bin ich im Kapitel «Festliche Biskuittorten» des oben genannten Buches auf die Mohntorte Black & White gestoßen, und obwohl ich damals die Geheimnisse und

Tücken des Biskuitbackens noch nicht zu Genüge kannte, geschweige denn beherrschte, machte ich mich sofort daran und hatte auf Anhieb einen durchschlagenden Erfolg. Seit damals gilt für uns diese Torte als die eigentliche Krönung der Tortenkunst.

Im Grunde ist sie verblüffend schlicht und sogar einfach. Die Besonderheiten liegen in ein paar Details: Da werden zum Beispiel für den Biskuitteig, abgesehen von vier Eiern, 160 g Honig, Backpulver und 3 Eßlöffeln lauwarmen Wassers, 80 g Weizen und 120 g frisch gemahlener Mohn verwendet. Dazu kommen auch noch zwei Messerspitzen gemahlene Nelken und etwa ein Teelöffel Zimt. Behandelt wird das alles wie beim Biskuitboden üblich. Daß der fertige Biskuitboden bis zum nächsten Tag ruhen muß und daß er dann einmal quer durchgeschnitten gehört, versteht sich von selbst. Die Füllung ist nicht mehr selbstverständlich, denn dazu gehören etwa 100 g zerkleinerte Rosinen, die sich ein paar Stunden lang sich in Vanillerum vollgesoffen haben. Das mit dem Vanillerum ist ein toller Tip der Frau Früchtel, die empfiehlt, zwei kleingeschnittene Vanilleschoten mindestens 8 Tage in 1/8 Liter Rum ziehen zu lassen. Dieser Vanillerum dient dann der Aromatisierung von Cremes und Gebäck. Seit Jahren halte ich mich an diese Empfehlung und habe immer ein Fläschchen Vanillerum auf Vorrat.

Die zerkleinerten, vollgesoffenen Rosinen kommen dann auf den unteren Tortenboden und werden mit steifer Sahne verstrichen. Der obere Boden kommt darauf und das Ganze wird, auch an den Seiten, mit steifer Sahne bestrichen. Das mit der Sahne klingt sehr brav, ist es aber nicht, denn auch diese Sahne hat ihren besonderen Pfiff, da der von den Rosinen nicht ganz aufgesogene Vanillerum daruntergerührt worden ist. Zur Dekoration wird die gesamte Oberfläche, auch seitlich, mit ganzen Mohnsamen bestreut. Vor dem Servieren sollte die Torte eine Weile im Kühlschrank ruhen.

Ein optisches und ein lukullisches Vergnügen, das nicht nur meine Frau Ende Februar immer wieder von neuem entzückt.

XXV. **Rhabarber**

«Was diese Deutschen alles essen!» – war mein erster Gedanke, als meine Frau mit einem Bund rötlicher Stengel nach Hause kam und freudig verkündete, endlich sei Rhabarberzeit und sie könne sich mit Rhabarberkompott vollhauen. Es war Anfang der Siebziger Jahre in Berlin Friedenau, und wir erlebten die Höhen und Tiefen eines anfänglichen Zusammenlebens. Zunächst hielt ich es für eine mir noch unbekannte Unart meiner Frau, die sonst auch noch ein paar reizvollen Unarten frönt. An jenen rötlichen Stengeln konnte ich zunächst nichts Reizvolles entdecken. Der Gedanke, man könne jenes unappetitliche Zeug auch noch essen, erschien mir nicht nur als eine Unart, es mußte sich sogar um eine Abart handeln. Und meiner Frau schien es tatsächlich zu schmecken. Ich hielt vorsichtig Abstand, denn ich war nicht gewillt, sämtliche Un- und Abarten meiner Frau aus Liebe zu übernehmen.

Bald entdeckte ich erstaunt, daß jene abartige Liebe zu jenen kantigen Stengeln keinesfalls das Monopol meiner Frau war, nein, daß fast jeder deutsche Hausgarten eine Ecke besitzt, wo jenes wild anmutende Gewächs mit den kantigen Stengeln und den überdimensionalen Blättern wächst, ja sogar wuchert. Und es wird nicht nur gezüchtet als eigenwillige Zierpflanze, nein, es wird gezüchtet und geschnitten oder sogar gekauft und dann gekocht, gebacken oder gar roh gegessen.

«Was für ein komisches Volk, diese Deutschen!» Ganz zu diesem Spruch habe ich es bei all der Verwunderung nie gebracht, ich stand nur hie und da kurz davor, vor allem in jenen Anfangsjahren, wo meine spanischen Reflexe trotz meiner ruhmreichen Eindeutschungsbemühungen immer noch unbestritten die Oberhand behielten. So ein Zeug – ein Kraut oder ein Gemüse war es keinesfalls – hatte ich bis dahin nur an sumpfigen, verdächtig wild aussehenden Stellen gesehen. Und der Geschmack! Als ich mich endlich dazu überwand, aus jenem als Kompott bezeichneten Urschleim zu probieren – was tut man nicht alles aus Liebe? – verzog ich erstaunt und erschrocken den Mund, denn mein Gaumen hatte bis dahin Säuerliches verschmäht. Hatte nicht unsere Mutter sogar den frisch gepreßten Orangensaft nachgezuckert?

Daß ich mich inzwischen auch an diesem Punkt von meiner Mutter emanzipiert habe, wird Sie hoffentlich nicht überraschen: Den frisch gepreßten Orangensaft habe ich schon ewig nicht mehr nachgezuckert. Daß ich im Gegensatz zu meiner Mutter das Gemüse nur sehr kurz koche und den Salat mit äußerst wenig Öl anmache, wissen meine treuen Leserinnen und Leser schon lange. Alles deutliche Zeichen einer späten, aber dafür um so entschiedeneren Entmutterung. Und dann der Rhabarber. Ja, inzwischen liebe ich Rhabarber in allen Formen, sogar roh, ganz roh, in seiner von nichts gemilderten Säuerlichkeit. Daß meine Frau mich also selbst an diesem Punkt rumgekriegt hat? Sie mögen recht haben. Wobei Sie zugeben müssen, daß eine Frau besser ist als eine Mutter – für einen Mann auf jeden Fall.

Ja, ich liebe Rhabarber: *als Kompott*, und zwar alleine oder mit Äpfeln und gar mit Erdbeeren, mit Schlagsahne und ohne Schlagsahne, mit etwas Honig oder ganz säuerlich, mit ein paar Tropfen Himbeergeist oder ganz und gar nüchtern; *als Kuchen*, dünn geschnitten, auf Hefeteig, mit einem leichten Guß aus Ei, Honig und Sahne; *als Torte*, auf Mürbteig, dünn geschnitten, mit einer reichlichen Füllung aus Ei, Sahne, Honig und geriebenen Mandeln...

«Selbst im Geschmack hast du dich eingedeutscht» – bemerkte mit einem nicht zu überhörenden verächtlichen Unterton ein Bekannter, der jede Anpassung als Verrat entlarvt und mit Ekel im Gesicht als Assimilation bezeichnet. «Du bist total assimiliert!» Und alles wegen des Rhabarbers.

Auf so eine Chance hatte ich gewartet: «Du hast ja eine Ahnung! Weißt du überhaupt, wo der Rhabarber, die Pflanze und auch der Name selbst, herkommt?» Selbstverständlich hatte mein assimilationsfeindlicher Bekannter keine Ahnung, denn mit solchen urdeutschen Banalitäten beschäftigt er sich nicht. Von seiner Heimat her kennt er keinen Rhabarber. Das reicht, um ihn abzulehnen. Er ging, bevor ich ihm einiges erzählen konnte. Wäre er da geblieben, hätte er erfahren, daß weder die Pflanze noch ihr Name deutsch sind: Heimisch scheint die Pflanze in den Gebirgen von China und Tibet zu sein. Den Weg nach Europa soll sie über Persien und über Rußland gefunden haben. Allerdings ganz schön lange her, denn als Arzneipflanze war sie schon im Altertum bekannt. Das Interessanteste am Namen ist der zweite Teil: «barber», das heißt «barbarisch», was keinesfalls wild oder wüst bedeutet, sondern fremd, ausländisch. So schreibt mein Küchenlexikon: «barbarische (ausländische) Wurzel». Varianten dieses Namens gibt es mehrere, aber die Endung bleibt. Im Spanischen heißt es beispielsweise *ruibarbo*, im Italienischen *rabarbaro*. Und eben über das Italienische erreichte das Wort um die Mitte des 16. Jahrhunderts die deutschprechenden Gebiete.

Das Ganze hat trotzdem einen Haken, denn so undeutsch ist die ganze Sache nicht: Undeutsch ist die Pflanze, undeutsch deren Name; aber deutsch durch und durch ist die Verwendung als Kompott, sollten wir meinem Küchenlexikon Glauben schenken, wogegen an sich vorerst nichts spricht, denn es hat auch das Undeutsche der Pflanze und des Namens freimütig zugegeben. Nein, früher galt die Pflanze nur als Abführmittel. Früher. Erst um 1840 soll der Rhabarber als Kompottpflanze entdeckt worden sein, und 60 Jahre soll es noch gedauert haben, bis er sich in ganz Deutschland einbürgerte. (Es waren andere Zeiten. Heute geht eine Einbürgerung schneller. Meine eigene Einbürgerung dauerte lächerliche drei Jahre.) Also, bis etwa 1900 soll es mit der Einbürgerung des Rhabarbers in Deutschland als Kompottpflanze gedauert haben. Den Sprung über die deutschen Grenzen hinaus scheint das Rhabarberkompott allerdings kaum geschafft zu haben. Höchste Zeit, daß wir Deutsche uns daran machen, den Rest der Welt mit dieser «angenehm säuerlichen» deutschen Erfindung zu beglücken, als Entschädigung für das stinkende und lärmende Auto, sozusagen.

XXVI. **Fische, die keine sind**

Erst jetzt, über ein halbes Jahrhundert alt und nach 25 Jahren als Amateurkoch – richtig übersetzt bedeutet das nicht weniger als «Koch aus Liebe» –, habe ich mich an diese kleinen Viecher gewagt, die mein Lexikon als *Kalmar* bezeichnet, um sie dann als «Art Tintenfisch» zu definieren, obwohl Tintenfische eigentlich keine Fische sind, denn Fische sind Wirbeltiere, während Tintenfische eben keine Wirbeltiere sind, sondern knochenlose, weiche, schleimige Viecher, die sehr gut schmecken können, die aber bei der Verarbeitung in der Küche keine besonderen Glücksgefühle bereiten, schleimig wie sie eben sind. Und noch was: Nicht einmal alle Tintenfische haben Tinte.

Mein deutsches Küchenlexikon, von dem ich bisher nicht wenig gehalten hatte, will uns allen Ernstes folgenden Unfug verkaufen: «Kulinarisch interessant sind die zehn elastischen, muskulösen Greifarme der Kalmare. Diese festfleischigen Arme werden je nach Größe im ganzen, in Stücken oder in Scheiben (richtiger: Ringen) ... verwendet.» Oh Gott, oh Gott, was für Riesenbestien müssen die Kalmare sein, deren Arme in Scheiben geschnitten werden können! Ob der Autor je ein solches Tier gesehen hat? Oder hat er nur jene gebackenen Ringe zu Gesicht bekommen, die, von Fett triefend, in Deutschland in spanischen, italienischen und griechischen Restaurants zu erdulden sind, tiefgefroren gekauft, mehr Mehl als Kalmar, in altem Fett ausgebacken, eine echte Strafe für feinfühlige Mägen...? Nein, jene Ringe werden nicht aus den Armen gewonnen, sie entstehen, wenn jener Sack oder jene Tube, in dem das Innere des Tiers steckte, einmal geschält, wie ein Strumpf umgestülpt und schön gewaschen, der Breite nach geschnitten wird. Fritiert können solche panierten Ringe auch sehr gut schmecken, vorausgesetzt, der Teigmantel ist nicht zu dick und das Fett frisch. Solche Ringe müssen übrigens nicht unbedingt tiefgefroren und pfannenfertig gekauft werden, denn inzwischen verkauft jedes halbwegs anspruchsvolle «Fisch»geschäft jene «Tuben», die alle nach eigener Fasson verarbeiten können. Mein besagtes Küchenlexikon, dem keine andere Art der Zubereitung als das besagte Backen einfällt, schließt das Kapitel Kalmar mit folgender Bemerkung ab: «Eine Unterart der Kalmare sind die Tintenfische.» Genau! Aber umgekehrt!

In Sachen Meeresgastronomie habe ich sowieso immer wieder festgestellt, daß die weltberühmte deutsche Genauigkeit nur ein Gerücht ist. Kein Wunder, denn was der Bauer nicht kennt, dafür hat er auch keinen Namen. Nur in der Religion verhält es sich anders: Da wimmelt es von Namen für Dinge, die niemand kennt. Je unbekannter, desto mehr Namen.

Streng genommen heißen die Tintenfische *Kopffüßer*, was sie, ehrlich gesagt, auch nicht viel attraktiver macht.

Ulkig aber naheliegend ist der Ursprung des Wortes Kalmar: Es komme vom italienischen *calamaio*, Tintenfaß.

Über meine Urängste gegenüber dem achtfüßigen Verwandten, der *Krake*, habe ich mich schon in einem anderen Kapitel dieses Buches ausgelassen. Angst war es nicht, was ich vor dem Kalmar verspürte, es war eher eine Art Respekt, den mir vor allem seine überdimensionalen Augen einjagten: Einen Teil meiner Gefühle erkannte ich in der unvergeßlichen Erzählung der Patricia Highsmith wieder: Die Schildkröte, die die Mutter mit nach Hause bringt, ist nicht für ihren Sohn, mit dem sie alleine lebt, sie ist für den Kochtopf gedacht. Der letzte Blick, den jene Schildkröte vor dem Sterben im kochenden Wasser dem fassungslosen Jungen zuwirft, bringt dessen bisher verdrängten Haß gegen seine alles wissende, alles tuende Mutter zum Siedepunkt. Unvermittelt tötet er sie.

Nein, die Augen der Kalmare erwecken in mir keine Tötungsphantasien, zumal die armen Tiere schon längst tot sind, wenn ich sie kaufe und verarbeite. Ihre riesigen Augen bleiben aber offen, offen in ihrer Überdimensionalität, als würden sie noch leben und mich anschauen, beinahe menschlich.

Und trotzdem habe ich neulich meinen Widerwillen überwunden und frische Kalmare gekauft und sie auch noch selber verarbeitet. Ein Widerspruch? Mag sein. Einer mehr. Wobei es schon ein Widerspruch war, Kalmare zu essen, die andere zubereitet hatten. Wie so oft, handeln wir unbewußt – anders könnten wir nicht leben! – nach dem Prinzip: «was ich nicht weiß...» oder eher nach der spanischen Version: «Was meine Augen nicht sehen, spürt mein Herz auch nicht.» Meine Augen hatten sich die Augen der Kalmare nicht anschauen müssen, ich hatte es an andere delegiert, die nicht umhin konnten, sich jene Augen anzuschauen, bevor sie den Kopf und die Innereien entfernten und mir ein Kalmargericht servierten, das keine Spuren des Lebens, also des Todes, eines Lebewesens aufwies. Vielleicht liegt der tiefere Sinn der nicht vegetarischen Kochkunst darin, die Spuren des Todes zu verwischen, die Sinne so anzusprechen, damit wir beim Essen vor lauter Sinnlichkeit nicht zum Sinnen und Besinnen kommen.

Wieder war ein Aufenthalt in Galicien der Anlaß. Drei Wochen lang hatte ich dort in Meereskost geschwelgt, als ich dann wieder in unserem Nudelland eintraf. Es war Donnerstag. Gleich am Freitag ging ich einkaufen. Frische, eher kleine Kalmare schauten mich im Laden eindringlich an. Merkwürdig, ihr Blick war diesmal nicht vorwurfsvoll, er war geradezu einladend. Ich nutzte die Gunst der Stunde und kaufte 24 Stück, denn zum Abendessen erwarteten wir vier Gäste und ich wollte ihnen einen Hauch von Galicien vermitteln. Kalmare mit Reis als Beilage sollten den zweiten Gang bilden:

Als erstes trennte ich mit einer Schere ein Stück vom Kopf samt den Füßen ab – «Tentakel» sind es, keine eigentlichen Füße – und entfernte den Rest zusammen mit den Innereien. Einen äußerst dünnen, braun punktierten Film, der den Körper bedeckt, zog ich ab und stülpte die leere Tube um, alles unter fließendem Wasser, bis alle Reste weg waren. In die Tuben steckte ich dann die Tentakel und ließ alles eine Weile abtropfen, bis ich mit dem Schneiden von sehr vielen Zwiebeln und einer roten Paprikaschote fertig war. Ich wendete die gefüllten «Säcke» in Mehl, briet sie schön an und tat sie auf die Seite, um sie wieder in die Pfanne zu legen, als die vielen, grob geschnittenen Zwiebeln und die Streifen der Paprikaschote angedünstet waren. Salz, etwas Pfeffer und reichlich Weißwein kamen dazu. Etwa eine halbe Stunde köchelte alles leise vor sich hin, Zeit genug, um nebenbei den Reis zu kochen.

Es schmeckte köstlich und wurde von unseren Gästen entsprechend honoriert. Niemand konnte ahnen, wieviel Gedanken ich mir über jene Köstlichkeit gemacht hatte.

XXVII. Mütterliche Kartoffelsuppe

Heimat geht durch die Sinne. Beispielsweise durch den Geruchssinn: Der sprichwörtliche *Stallgeruch* sagt es ja schon. Auch deswegen empfinden wir unsere Mutter als unsere Heimat, weil wir sie als erstes Wesen beschnuppert haben: ihre Haut, ihre Milch. Und wir strömen vor allem ihren Stallgeruch aus, ein Leben lang. Und wir lassen uns von ihrem Stallgeruch betören und verführen und verleiten. Ein Leben lang. Beinahe machtlos sind wir, wenn es nach Mutter riecht. Ein Leben lang.

Heimat entsteht auch durch den Geschmackssinn, der wiederum sehr stark mit dem Geruchssinn zusammenhängt. Heimat entsteht also in beträchtlichem Umfange durch die Küche. Es heißt ja Heimat. Also Heim. Also Herdfeuer. Also Küche. Und wer steht da am Herd, wer kocht in der Küche des Heims, wer läßt den Duft und den Geschmack der Speisen entstehen, die uns dann betören und binden und verbinden und verführen und verleiten? Natürlich die Mutter.

Auch deswegen hat der normale Mann als Vater gar keine Chancen, die Gefühle seiner Kinder an sich zu binden, ähnlich wie die Mutter als Heimat empfunden, als Heimat geliebt zu werden. Nicht nur deswegen, weil er seine Kinder nicht austrägt und auch nicht stillt, sondern auch deswegen, weil er sie nicht bekocht, weil er jene heimischen Düfte und jenen unverwechselbaren Geschmack des heimatlichen Essens nicht entstehen läßt, die uns heimatlich betören und verführen und verleiten, ein Leben lang.

Auch deswegen verteidigen viele Frauen, bei allen Beteuerungen und bei allen Bekenntnissen zur Emanzipation, mal verbissen, mal listig ihre Position am Herd und geben diese ihre Domäne nie und nimmer ab. Sie riechen ja, was sie damit abgeben würden. Deswegen sollte jeder halbwegs an einer gefühlvollen Beziehung zu seinen Kindern interessierte Mann sie auch bekochen. Natürlich auch schon früher sie tragen, Haut an Haut, sie stillen – und sei es nur mittels der mit einem lebendigen Busen nie zu vergleichenden Flasche. Aber dann später sie auch bekochen. Dadurch wird auch der Mann ein Teil des Heims, der Heimeligkeit und der Heimat, dadurch wird auch der Vater «mütterlich». Falls er das will. Und falls es die eigene Frau zuläßt, was nicht selbstverständlich ist.

Ob es mein Vater gewollt hätte? Jenen Männern ist leider so etwas nicht eingefallen. So haben sie zu ihrem Glück auch nie gewußt, was sie versäumten. Wobei es mehr als fragwürdig ist, ob es ihnen was geholfen hätte, kochen zu wollen, bei der unbeirrbaren Mütterlichkeit ihrer Ehefrauen, die zunächst nicht so gut kochen konnten wie die eigenen Mütter – logisch! – und danach immer besser kochten, weil sie ja auch immer mehr zu Müttern wurden: Je mütterlicher sie zu ihren Männern wurden, desto besser konnten sie auch ihre Männer bekochen, bis sie dann eines Tages unsere Väter die Vorzüge der Küche ihrer eigenen Mütter vergessen ließen. Die Liebe ging dann *nur* noch durch den Magen. Die Ehe war gerettet und gesichert.

Mein Vater roch nach Tabak. Das ist schon was. Als Kind hat es mich halb angezogen, halb abgestoßen. Die mütterlichen Gerüche dagegen waren nur anziehend. Das Essen! Wenn ich von der Schule zurückkam, spürte ich schon im Treppenhaus die mütterliche Heimeligkeit einer Suppe. Ja, einer Suppe, vor allem einer Kartoffelsuppe. Und ich lief die Treppen ganz schnell hoch, ungeduldig und begierig, begierig auf die Mutter und auf die Suppe begierig. Nach Stunden in der feindlichen Schule hatte ich Hunger nach Haut und nach Essen, kindlichen Hunger nach Mutter.

Bei aller kritischen Distanz zu meiner Mutter, einer Distanz, die zeitweise die Züge des offenen Hasses angenommen hat, wird mein Gemüt ihr gegenüber heute noch tolerant und sogar rührselig, sentimental und kindlich schwach, wenn ich die Kartoffelsuppe, die Kartoffelsuppe meiner Mutter, zubereite. Und das tue ich häufig. Und alle sind hellauf begeistert:

«Nie habe ich eine solche Kartoffelsuppe gegessen. Wie machst du das?»

Ja, wie mache ich das? Wahrscheinlich mütterlich.

«Das ist sicher nicht alles!»

Nein, das ist sicher nicht alles. Ein paar Tips kann ich auch noch geben, die nicht unbedingt mit Mütterlichkeit zu tun haben:

Da sind zum Beispiel die Zwiebeln, reichlich in der Menge, aber nicht zu klein geschnitten, schon eher ziemlich grob. Da ist auch der Knoblauch, sparsam mit den Zwiebeln ins kalte Wasser gegeben. Etwas Tomate tut gut. Ein Stück Paprikaschote tut nicht schlecht. Und Salz, grobes Salz am besten. Zum Kochen bringen. Inzwischen die Kartoffeln, nicht zu mehlige aber auch nicht zu feste, schälen und schneiden. Aber nicht einfach schneiden: anschneiden und dann brechen. (Sie kochen dann besser!) Auch nicht zu groß, aber auch nicht zu klein schneiden. Die so geschnittenen Kartoffeln ins wild kochende Wasser geben, daß das Wasser keinen Augenblick zu kochen aufhört. Erst dann zurückschalten, damit alles gemächlich köchelt.

Natürlich gebe ich mit den Kartoffeln auch mal Karotten und Lauch dazu. Allerdings nicht in großen Mengen, denn sonst wird die Suppe süßlich. Darauf achtete auch meine Mutter. Etwas Sellerie bringt eine vorzügliche Variante, die meine Mutter nicht kannte. Ist alles fertig – etwa 20 Minuten sind dazu nötig – wird es vom Feuer genommen, daß es vor dem Servieren eine Weile zieht.

Will ich die Suppe umwerfend mütterlich abrunden, nehme ich ein Stück luftgetrockneten, mageren Speck, schneide ihn in kleine Würfel und zerlasse sie in Öl, ein Weilchen alleine, dann aber mit in dünne Streifen geschnittenen Zwiebeln zusammen, bis die Speckwürfel knusprig, die Zwiebeln glasig werden. Dann gebe ich eine Prise süßen Paprikapulvers rein und rühre alles kräftig zusammen, bevor das Paprikapulver dunkel wird. Sofort kommt es in die Suppe, die dann himmlisch zischt. Vor allem dieses Zischen und der sich rasch ausbreitende Duft signalisieren Heimat. Unwiderstehlich. Ein Leben lang.

XXVIII. **Wie gesund darf es denn sein?**

Tres cosas hay en la vida,
salud, dinero y amor,
y el que tenga estas tres cosas,
que le dé gracias a Dios.

So tiefsinnig konnten Schlager in meiner Jugend sein:
Drei Dinge gibt es im Leben:
Gesundheit, Geld und Liebe.
Wer diese drei Dinge hat,
der soll Gott dafür danken.

Und wer diese drei Dinge nicht hat, was soll er tun? Gott verfluchen? Das wäre die logische Konsequenz. Logische Konsequenzen müssen nicht unbedingt ausgesprochen werden. Das machen nur Spielverderber.

Salud, dinero y amor: Gesundheit, Geld und Liebe machen also das Leben aus, das lebenswerte Leben. Eine sehr positive Lebenseinstellung, beneidenswert positiv. Wobei die Ebenen, auf denen diese drei Dinge sich als «die drei Dinge» des Lebens erweisen, unterschiedlich sind: Geld soll bekanntlich nur ein Mittel sein, Gesundheit die Grundlage, der Rahmen sozusagen, während erst die Liebe den Kern und Inhalt und Sinn des Lebens darstellt.

Das wage ich bescheidenerweise zu behaupten, ich, der ich in Sachen Geld ein Laie bin und in Sachen Gesundheit ein Amateur. Nach meinen bescheidenen Kenntnissen darf ein vernünftiger Mensch nur die Liebe zum Ziel seines Lebens machen, nicht das Geld und nicht einmal die Gesundheit. Die Gesundheit sollte ein vernünftiger Mensch nicht direkt anstreben, sondern sie so nebenbei, en passant (beim Vorbeigehen!) mitnehmen. Ich wage sogar zu behaupten: Wer die Gesundheit unmittelbar anstrebt, gefährdet sie schon dadurch, daß er sie direkt anstrebt. Das alte

Dogma «mens sana in corpore sano» drehe ich in «corpus sanum in mente sana» um, dialektisch, versteht sich, wobei ich diese *mens* nicht gerne als Kopf, Seele, Verstand und schon gar nicht als Geist, sondern als Gemüt übersetzen möchte: So drehe ich für mich den Spruch «ein gesundes Gemüt (gedeiht) in einem gesunden Körper» in den Spruch «ein gesunder Körper (gedeiht) in einem gesunden Gemüt» um. Ein gesundes Gemüt ist nach meinem Verständnis ein entspanntes Gemüt, ein Gemüt, das jede Besessenheit – auch gesunde Besessenheiten – erfolgreich meidet: Ein gesunder Körper gedeiht also in einem entspannten Gemüt. Dialektisch, wie gesagt, indem sich beide Sprüche gegenseitig bedingen und gegenseitig ergänzen, denn sonst wären beide nur Platitüden. Dabei vergesse ich auch nicht, daß Menschen, die von Natur aus oder von ihren sozialen Bedingungen her nicht in den Genuß eines gesunden Körpers kommen können, beide Sprüche als unzumutbaren Hohn empfinden müssen. Sie alle bitte ich um Verzeihung, wenn ich mit dem Thema Gesundheit flirte, wie ich auch im Grunde, wenn ich über Koch- und Eßgenüsse schreibe, all jene Menschen um Verzeihung bitten müßte, die diese Genüsse nur vom Hörensagen kennen. Und wieder sind wir bei einem alten Thema: Dürfen wir überhaupt genießen, wo wir das Elend auf dieser Welt kennen? Müßten wir nicht die gefräßige Weihnachtszeit wie auch sämtliche gefräßige Feste und Feiern abschaffen und eine (ernstgenommene) Fastenzeit auf das ganze Jahr ausdehnen?

Wer dies tun zu müssen glaubt, soll es auch tun, wohlwissend, daß damit niemandem, nicht einmal einem selbst geholfen ist. Anders natürlich als mit einem Verzicht, der uns selbst oder anderen zugute kommt: Zum Einmaleins des Lebens gehört die Erkenntnis, daß nicht selten ein Verzicht einen höheren Genuß, ja sogar einen Genuß überhaupt möglich macht, was nichts, aber gar nichts mit dem Masochismus zu tun hat, der gerade im Verzicht als solchem, ja sogar im eigenen Schmerz und in der eigenen Qual die Quelle des Genusses sucht – und findet. Pech gehabt. Wer sucht, der findet. Es fragt sich bloß, was.

Nun zurück zum Thema von vorhin: Ich hatte geschrieben, wer die Gesundheit direkt anstrebe, gefährde sie schon dadurch. Im Grunde auch eine Platitüde, denn es heißt nichts anderes als daß die Gesundheit das Ergebnis eines entspannten Körpers und eines zufriedenen Gemüts ist.

Kompliziert ist das Geflecht des Lebens, viel zu kompliziert, um allgemeingültige Rezepte zur Erlangung jenes seligen, alleingesundmachenden Zustandes auszustellen. An dieser Stelle dürfte es mir aber niemand übelnehmen, wenn ich auf die seligmachende, also auch gesundmachende Wirkung des Essens hinweise, nicht nur des Essens als Nahrung, nein, auch des Essens als Genuß, also als etwas, was ein gesundes Gemüt fördert. Wieder sagt uns ein Sprichwort, wo es langgeht: «*De la panza – sale la danza*»: Aus dem Ranzen kommt das Tanzen.

Das scheint sich noch nicht überall herumgesprochen zu haben: Menschen kenne ich, deren höchstes Gebot beim Einkaufen und Kochen die Gesundheit zu sein scheint. Keinen Laden betreten sie unvoreingenommen, keinem Essen begegnen sie entspannt, keinem nicht ausgemergelten Koch trauen sie über den Weg. In ihren Augen und in ihrem Mund führen sie immer die Schicksalsfrage: Ist das gesund oder ungesund? Wie gesund? Wie ungesund?

Ob sie auch den Genuß mit berücksichtigen? Ich behaupte ja nicht, jenen Menschen sei jeder Genuß berüchtigt, obwohl es auch solche gibt, ausgerechnet und gerade in diesen unseren Hochburgen des Wohlstands. Ein paar davon kenne ich schon. Und gerade sie und deren Kinder holen sich jeden Schnupfen und jede Grippe, die es zu vergeben gibt.

Ich verstehe sehr wenig von Ernährungskunde und Ernährungswissenschaft, obwohl ich sie für sehr wichtig halte, vorausgesetzt, sie dienen der Gesundheit, indem sie auch den Genuß fördern. Ernährungsesoterik ist nicht mein Fall. So wie der Genuß seine Grenze dort hat, wo er den Genuß verhindert oder gar zerstört, so hat auch die Gesundheit dort ihre Grenze zu haben, wo sie der Gesundheit schadet oder sie gar zerstört.

Um zu erklären, was ich damit meine, kommt mir eine Entdeckung zur Hilfe, die ich erst neulich gemacht habe: Es geht um das Wort *Sucht*. Ich war immer davon ausgegangen, daß Sucht von *suchen* kommt. Vor kurzem bin ich eines Besseren belehrt worden: Es kommt nämlich nicht von suchen, sondern von *siechen*. Mein kluger Kluge schreibt klugerweise: «Neuhochdeutsches Sprachgefühl verbindet Sucht irrend mit suchen».

Abgeklärt können wir also sagen: Gesundheitssucht schadet der Gesundheit, wie übrigens auch Genußsucht dem Genuß schadet.

Das Letztere wußten schon die Epikureer, was ihre Gegner nicht daran hinderte und heute auch nicht daran hindert, sie als zügellose Genießer, also als Lüstlinge, denn nichts anderes bedeutet das Wort Hedonisten, zu diffamieren.

Genuß ist bekanntlich eine höchst subjektive Angelegenheit. Nicht ganz so bekannt scheint es aber zu sein, daß auch Gesundheit eine höchst subjektive Angelegenheit ist. So wie eine Genußlehre keine Dogmen zuläßt, dürfte auch eine Gesundheitslehre keine Dogmen zulassen. In der Küche schon gar nicht.

Selbstverständlich darf ich einem Eintopf kein Pfund Arsen zugeben, ohne die Gesundheit meiner Gäste zu gefährden. Selbstverständlich verträgt nicht jeder Magen jede Speise und jedes Gewürz. Das alles sind aber keine Dogmen, es sind (höchst subjektive) Erfahrungswerte. Wobei es auch zum Einmaleins der Menschenkenntnis gehört, daß eine Speise, von der ich überzeugt bin, daß sie mir schadet, mir tatsächlich schadet.

Wer sich nicht einmal beim Kochen und beim Essen entspannt, dem wird die als gesündeste ausgewiesene Speise auch nicht gut tun. Tugenden können ungemein ungesund sein. Und Sünden ungemein gesund.

XXIX. **Muscheln zum zweiten**

Nein, des Deutschen Lieblingsspeise werden die Muscheln nie werden, galten sie doch im Mittelalter lediglich als Fastenspeise. Und als Name für diese Fastenspeise wurde das Wort *Muschel* von den Mönchen in Umlauf gebracht.

Nein, urdeutsch ist trotz seines Klanges das Wort *Muschel* nicht, denn es stammt aus dem lateinischen *musculus*, womit die Miesmuschel gemeint war.

Im Spanischen hat jede Muschelart einen eigenen, völlig selbständigen Namen: *mejillones, almejas, berberechos, bieiras, coquinas...* Im Deutschen ist alles Muschel, was aus zwei Schalen und einem drinnen lebenden Tierchen besteht: Miesmuscheln, Venusmuscheln, Jakobsmuscheln... Wahrscheinlich zeigt das, wie seicht die Einbürgerung der Muschel in Deutschland geblieben ist. Allerdings kennt mein *Illustriertes Lexikon der deutschen Umgangssprache* nicht weniger als neun mit der *Muschel* verwandte Vokabeln, die ich hier nicht zitieren werde, denn sie sind in ihrer Zweideutigkeit eindeutig, außer dem 1930 in Österreich entstandenen Ausdruck *Muschelbar*: Nein, eine Muschelbar ist nicht eine Bar, wo man Muscheln verzehrt, eine Muschelbar ist ein «Stehabort für Männer. Die Abortbecken haben Muschelform und sind in einer Reihe angeordnet.»

Nein, mit diesem Zitat will ich niemandem den Spaß verderben. Ich gehe davon aus, das Schildchen *Toilette* in einem Restaurant verdirbt auch niemandem den Spaß an den schönen Speisen. An dieser Stelle wäre ich versucht, über die Einheit von oben und unten, vorne und hinten, Anfang und Ende zu philosophieren... Ich widerstehe der Versuchung.

Müßte ich meine Lieblingsmuschelspeise verraten, würde ich mich zwischen dem *Reis mit Miesmuscheln* und den *Almejas a la marinera*, den Venusmuscheln nach Seemannsart, schwer entscheiden können. Über den *Muschelreis* habe ich schon im Kapitel V geschrieben.

Meine Vorliebe für die *Venusmuscheln nach Seemannsart* war jahrelang vergraben, denn aus irgendeinem Grund war sie in all den Jahren meines Lebens im muschelscheuen Deutschland nicht aktiviert worden. Ein Buch holte neulich dieses Gericht aus der Versenkung meines Geschmacksgedächtnisses hervor, ein Buch, das mir eine alte Kusine geschenkt hatte, denn sie hatte zwei davon bekommen. Das Buch ist sehr schön gemacht und interessant: Es enthält 76 Rezepte, die ich als Amateur fast für die Schlüssel- und Spitzenrezepte der spanischen Küche halte. Als ausgefallen würde ich das Buch deswegen bezeichnen, weil es von einer Sparkasse verlegt wurde, als Geschenk für ihre Kunden. Und was es möglicherweise zu einem einmaligen Buch macht, ist der Umstand, daß jene Sparkasse folgenden Namen trägt: *Caja de Ahorros del Círculo Católico,* also Sparkasse des katholischen Kreises. Andere kirchlichen Banken schenken ihren Kunden Bibeln...

Es überraschte mich auch, daß dieses Buch nicht weniger als drei Venusmuschelrezepte bringt. Bei insgesamt 76 Rezepten sind das ein beträchtlicher Anteil.

Alle drei Muschelrezepte sind ganz einfach. Hauptsache, die Venusmuscheln sind frisch und haben keinen Sand oder werden durch ein mehrstündiges Bad in Salzwasser ihren Sand los. Es gibt größere und es gibt kleinere. Natürlich ziehe ich die großen vor, denn sie haben einen richtigen Biß. Daß sie auch besser schmecken, das würde ich nicht unbedingt behaupten.

Nach Seemannsart mag ich sie am liebsten. In Olivenöl dünste ich ganz kurz feingehackten Knoblauch (ohne Scheu vor der Menge, aber sehr gut aufpassend, daß der Knoblauch nicht braun wird!) und gebe die Muscheln dazu. Wenn sie offen sind, kommt Weißwein, Lorbeer und ein Schuß Zitrone hinein. Nur ganz kurz köcheln lassen, denn sonst schrumpfen die Muscheln ein und werden hart. Mit Semmelbröseln dicke ich die Soße ein. Weißbrot muß reichlich auf dem Tisch sein, denn der höchste

Genuß ist die Soße, die ausgetunkt werden möchte. Dies nicht zu tun, ist eine Beleidigung für Natur und Kultur.

Mein katholisches Kochbuch packt die Sache anders an: Es läßt als erstes die Muscheln in etwas kochendem Wasser aufgehen, tut sie auf die Seite und filtert dann das Kochwasser. Dann dünstet es Knoblauch und feingehackte Zwiebeln, gibt die Semmelbröseln dazu und rührt alles ein bißchen um, um nach und nach das Kochwasser von vorhin, den Weißwein, den Lorbeer und den Zitronensaft dazu zu geben. Zehn Minuten läßt es die Soße einkochen, und gibt erst dann die schon offenen Muscheln dazu.

Diese Methode klingt zwar wichtiger, schmackhafter wird das Gericht dadurch jedoch nicht. Ich schwöre.

In grüner Soße erhalten die Muscheln eine interessante Geschmacksvariante durch die Petersilie, die der Soße den grünen Namen gibt. Die Prozedur ist praktisch die gleiche wie vorhin. Der wesentliche Unterschied liegt in der Verwendung der Petersilie, und zwar der Blattpetersilie, die feingehackt in die Pfanne kommt, wenn der Knoblauch oder der Knoblauch und die Zwiebeln gedünstet sind. Wasser, Weißwein und Zitrone wie oben. Statt Semmelbröseln verwende ich hier Mehl.

Entscheidend ist die richtige Petersilie, die aromatische Blattpetersilie, denn die andere, die gekräuselte nämlich, bar jeden Geschmacks, nützt nur als Dekoration. Die Menge ist Geschmacksache. Ich selbst gehe nicht sparsam mit der Petersilie um.

Mit weißen Bohnen entsteht eine ganz unerwartete kulinarische Delikatesse. Ich rümpfte die Nase, als ich zum ersten Mal davon hörte. Wie kann man bloß so was zartes wie Venusmuscheln mit so was grobem wie weißen Bohnen vermengen? Adel und Proletariat vertragen sich bekanntlich nicht. Und es geht doch. Und das Ergebnis ist umwerfend.

Die Prozedur könnte nicht einfacher sein. Die weißen Bohnen werden routinemäßig am Abend davor eingeweicht und dann zum Beispiel mit Zwiebeln, Knoblauch und Karotten (aber auch mit anderen gemüsigen Zutaten) kalt und ohne Salz angesetzt und entsprechend lange gekocht. Die Muscheln werden entweder nach Seemannsart oder noch einfacher (nur mit Knoblauch, Zwiebeln und etwas Peperoni) zubereitet und dann den fertigen, inzwischen gesalzenen Bohnen zugegeben.

Dazu paßt sowohl Bier als auch Rot- und Weißwein vorzüglich. Und Baguette zum Eintunken.

Das alles schmeckt übrigens auch dann, wenn man kein Sparbuch in der Sparkasse des katholischen Kreises hat. Der katholische Glaube ist auch nicht unbedingt erforderlich, obwohl es erwiesen ist, daß Katholiken besser kochen als Protestanten. Warum denn bloß?

XXX. **Pan es pan**

Brot ist Brot. Eben. Brot ist Brot.
Was denn sonst?

Diese geniale Tautologie ist nicht etwa dem berühmten Gedicht nachempfunden:

a rose
is a rose
is a rose
is a rose.

Nein, sie entspricht einer Welt, in der alles eindeutig ist, eindeutig und vertraut. Kein Raum ist da vorhanden oder gar vorgesehen für das Zweideutige, für das Abweichende, für das noch Unbekannte, also für das Fremde.

Sie reiht sich in die Logik jenes eindeutigen Spaniers ein, der sich wunderte, warum wohl die Dinge, so eindeutig wie sie sind, fremde oder gar falsche Namen tragen können. Fremd oder gar falsch bedeutete für ihn nichtspanisch: «Die Franzosen wissen überhaupt nicht, wie die Dinge heißen» – pflegte er nach einem kurzen Besuch in Frankreich zu sagen. «Einige Wörter gehen einigermaßen: So zum Beispiel *porte*. Das geht ja noch, denn in Wirklichkeit heißt die Tür eben *puerta*. Ähnlich geht es mit *table* für *mesa*, denn eine *mesa*, ein Tisch, ist letzten Endes eine *tabla*, eine Tafel. Was ich aber beim besten Willen nicht verstehen kann, ist, daß die Franzosen zum Käse *fromage* sagen, wo jeder, selbst von weit her erkennt, daß es sich um *queso* handelt.»

Der Inbegriff der Eindeutigkeit scheint allerdings im Spanischen nicht beim Käse, sondern beim Brot und beim Wein zu liegen: «Al pan, pan, y al vino, vino.» «Zum Brot (sagt man) Brot und zum Wein Wein». Ein beliebter Ausdruck, wenn es darauf ankommt, die Dinge beim Namen zu nennen. Im Deutschen wiederum redet man dann nicht um den heißen Brei herum.

Zum Brot sagt man Brot und nichts anderes. «Pan es pan» – sagte uns in trotzigem, halb beleidigtem Ton ein seit Jahrzehnten in Paris lebender Spanier. Und er mußte es wissen, denn er war Bäcker. Und er wußte es, denn er war ein eindeutiger Spanier. Gekommen war er nach Aachen zur Beerdigung eines Vetters, eines spanischen Gastarbeiters der allerersten Generation. Antonio hatte der Tote geheißen, und ich hatte ihn sehr gemocht. Wie sein Pariser Vetter hieß, habe ich vergessen. Am Vorabend der Beerdigung saßen wir bei der Witwe. Carmen bemühte sich, den Hunger einiger Gäste in unspanischer Manier zu stillen. In der Aufregung war sie nicht zum Kochen gekommen. «Welches Brot willst du haben?» – fragte sie den Pariser Verwandten. «Wieso welches Brot?» gab er befremdet zurück. «Na, ja» – erläuterte Carmen – «ich habe helleres und dunkleres, Laib und Baguette...» Da fiel die geniale Tautologie: «Pan es pan». Und der spanische Bäcker, der in Paris Brot bäckt, erklärte weiter: «Brot ist das, was man Brot nennt. Alles andere ist kein Brot.»

«Oh, du seliger Bäcker» – dachte ich mir. «Wie viel Kopfschmerzen würde ich mir sparen, wenn ich alles so eindeutig wüßte wie dieser eindeutige Spanier...»

Ganz so weit weg von jener seligen Eindeutigkeit war ich selber in früheren Jahren auch nicht gewesen, als ich mich über diese komischen Deutschen wunderte, «die kein gescheites Brot essen». Es ist schon lange her, daß ich mich über die quadratische Form manchen Brotes wunderte, ja mich dadurch fast beleidigt und verarscht fühlte, denn Brot war auch für mich letzten Endes zu jener fernen Zeit eben Brot, und Brot hatte eine eindeutige Brotform zu haben, als Laib nämlich oder als Baguette. Und weiß hatte das echte Brot zu sein, je weißer, desto brötlicher. Dunkles Brot verdiente nicht die Bezeichnung Brot, mindestens nicht zu normalen Zeiten. Dunkles Brot war eine Notlösung aus Hungerszeiten. Nach dem Krieg – nach dem spanischen Bürgerkrieg, versteht sich – hatte man für eine Weile mit unechtem, dunklem Brot vorliebnehmen müssen. «Stellt euch vor! Nach dem Krieg mußten wir schwarzes Brot essen...» Der Satz gehörte zu den

Gruselgeschichten, die die Älteren den unerfahrenen, durch den Wohlstand verwöhnten jungen Menschen verpaßten, wenn sie ihnen klar machen wollten, daß sie, die Jüngeren, gar keine Ahnung von der Härte des Lebens hätten. Ich selber, ein Jahr nach Beendigung des Bürgerkrieges geboren, kann mich noch dunkel an jenes dunkle Brot erinnern.

Also freiwillig hätte ich in jenen fernen Jahren meiner vordeutschen Geschichte nie dunkles oder gar Schwarzbrot gegessen. Und Schrotbrot schon gar nicht. «Wie kann man ein Brot mögen, das man nicht eintunken kann? Wie kann man freiwillig ein Brot essen, das man kauen und zerkauen muß, bis die strapazierten Kiefer ermüden? Bei diesem Brot hört das Essen auf, ein Genuß zu sein, um eine anstrengende Arbeit zu werden.» Dies oder ähnliches gehörte zu den Standardthemen unserer innerspanischen Gespräche in den allerersten Zeiten unseres deutschen Lebens.

Und das paßte wunderbar in unser damaliges, eindeutiges Bild der Deutschen, die wir allesamt für genußunfähige, arbeitsbesessene Exemplare der Gattung Mensch hielten.

Nein, freiwillig würden wir uns nie dem Verzehr jenes unansehnlichen, untunkbaren, eindeutig unbrötlichen Brotes hingeben. Sollten die Deutschen spinnen, wir würden dem echten Brot treu bleiben.

Wir blieben aber nicht lange dem echten Brot treu. Wir ergaben uns der Überlegenheit des unechten Brotes. Wobei ich jene Überlegenheit zunächst nur rein numerisch meine. Zu jener vorsintflutlichen Zeit der sechziger Jahre war der deutsche Brotmarkt noch eindeutig deutsch, das heißt, beherrscht bis monopolisiert von den unzähligen deutschen Brotsorten. Welsche Sorten wie das heute fast heimisch gewordene Baguette waren höchstens in Spezialitätenabteilungen zu kriegen, während türkische Fladenbrote nur Eingeweihten ein Begriff waren. Uns blieb also nichts anderes übrig, als das Unbrot zu essen, was da war. Und langsam, aber sicher lernten wir jenes Unbrot kennen und schätzen.

So sehr lernte ich jenes unechte Brot schätzen, daß ich es regelrecht vermißte, wenn ich während des Urlaubs in meiner sogenannten Heimat lediglich echtes Brot bekam. Wie ein Ausgehungerter stürzte ich mich während der ersten Urlaubstage in Spanien gierig auf das echte Brot, mit dem Ergebnis, daß der Hunger praktisch gestillt war, wenn das eigentliche Essen auf den Tisch kam. Es war eine richtige Weißbrotorgie. Die ersten Tage. Danach vermißte ich schmerzlich das unechte Brot: «Mindestens zum Frühstück möchte ich ein herzhaftes Brot haben!»

Verständnislos bis mitleidsvoll guckten mich Freunde oder Verwandte an, wenn ich triumphierend das dunkle Brot vorzeigte, das ich in der Spezialitätenabteilung eines großen Kaufhauses gefunden und freudig erworben hatte. Verpackt allerdings. Noch verständnisloser und offen mitleidsvoll schauten sie mich an, wenn ich sie mit dem Eifer eines Bekehrten und der Überheblichkeit eines Leihdeutschen über die Vorzüge des herzhaften Brotes aufzuklären versuchte.

Allerdings konnte ich an jenem herzhaften Brot, nach dem sich mein mitteleuropäisierter Geschmackssinn so sehr gesehnt hatte, auch nur eine geteilte Freude haben, denn es fehlte mir der passende Brotbelag: Ein richtiger *jamón serrano*[4] ist wirklich viel zu schade für unechtes Brot; ein *manchego*[5] kann sich einigermaßen behaupten; aber bei Spiegeleiern mit *chorizo*[6], meinem Lieblingsfrühstück nach einem richtigen Ausschlafen, versaut ein herzhaftes Brot die Spiegeleier, den *chorizo* und auch sich selbst.

Im letzten Jahrzehnt hat sich meine sogenannte Heimat entschieden mitteleuropäisiert. In Sachen Brot bleibt sie sich aber im großen und ganzen treu. «Heute bringe ich euch Vollkornbrot» – sagte triumphierend unsere Freundin, die uns bewirtete und die dann von unserer Reaktion ziemlich enttäuscht war, weil sie sich erhofft hatte, bei uns mit jenem *pan integral*[7] Stürme der Begeisterung auszulösen. «Ach, ja, ein paar Kleieflocken sind schon drinnen» – sagte ich mit sprichwörtlicher mitteleuropäischen Sachlichkeit. Ich bereute es sofort, machte mich gierig über jenes

Brot her, das in meiner deutschen Heimat nicht einmal die Bezeichnung Grahambrot verdient hätte, und lobte die schmackhafte Vollkornbrötigkeit jenes Brotes. Glaubwürdig klangen meine Beteuerungen sicher nicht, denn in meinem Inneren war ich felsenfest überzeugt: Vollkornbrot ist Vollkornbrot.

XXXI. Erbsen, Bohnen, Linsen

Zunächst schien es der Winter eilig zu haben. Unvermittelt, ja ruckartig war er schon Ende September über uns hergefallen. «Hoffentlich wird er aber auch – wenn schon, denn schon – ein gescheiter Winter mit viel Schnee und ordentlicher, anhaltender Kälte», dachte ich mir und wurde prompt enttäuscht, denn der wärmste Oktober des Jahrhunderts sorgte dafür, daß ich widerwillig meine Sommerklamotten wieder aus dem Schrank holte. Aber November kam und sorgte vom ersten Tag an für ausgleichende Gerechtigkeit. Meine Welt war wieder in Ordnung.

Ich weiß, Sie werden mich fragen wollen: «Sie als Spanier...» Eben, ich als Spanier liebe ordentliche Winter, und es war gerade mein erster Winter in Deutschland, ein durch und durch weißer Winter, wo das Thermometer wochenlang unter 20 Grad verweilte, der auch meine Liebe für dieses Land begründete.

Ich als Spanier liebe strenge Winter, und im strengen Winter esse ich gerne Eintopf, Eintopf aus Kichererbsen, aus Bohnen und aus Linsen. Nein, nicht aus Erbsen. Die sogenannte Erbsensuppe ist nicht mein Fall. Sie erinnert mich an die Armee, an das Technische Hilfswerk und an die rechten Sozialdemokraten. Ich stelle mir vor, sowohl Schröder als auch Scharping essen gerne Erbsensuppe, am liebsten aus der Gulaschkanone.

Linsen dagegen liebe ich, die kleinen, dunklen bis schwarzen, nicht die größeren, hellen Linsen, die ich esse, wenn es sein muß, die ich aber selbst nie koche, denn sie zerfallen gerne beim Kochen und ihr Geschmack ist eher fade.

Schon im Internat habe ich mir nicht selten den Magen versaut, weil ich einfach nicht aufhören konnte zu essen, wenn es Linsen gab. Und es gab häufig Linsen. Abends noch dazu. Kleine, dunkle Linsen, die eine dunkle, sämige[8] Soße abgaben, die mich dazu verführte, Unmengen an Brot einzutunken. Im Paradies muß es an kalten Winterabenden Linsen geben, kleine, dunkle Linsen, und Unmengen an Weißbrot. Im Paradies.

Auf Erden gibt es sie bei mir selten, selbst im Winter. Daran ist folgendes Dilemma schuld: Unter der Woche koche ich mittags nicht. Für das Abendessen sind mir die Linsen zu schwer. Es bleibt mir also nichts anderes übrig, als sie samstags oder feiertags zum Mittagessen zu kochen. Danach ist ein seliger Verdauungsschlaf möglich.

Noch ein Argument spricht bei mir dafür, am Wochenende, vornehmlich sonntags, Linsensuppe zu kochen: Die Einfachheit dieses Gerichtes. Gerade richtig für Sonntag, einen Tag, an dem selbst der Herr im Himmel uns dazu rät und sogar unter Androhung von Strafe uns dazu verdonnert, unsere Kräfte zu schonen. Gottesfürchtig, wie ich halt bin, mache ich sonntags höchst ungern umständliche Gerichte. Da eignet sich die Linsensuppe vorzüglich als Sonntagsgericht. Wir nennen es zu Hause Sonntagsbraten.

Wie in sovielen Dingen folgten uns unsere Töchter nicht in unserer Vorliebe für diesen Sonntagsbraten. Aus zwei Gründen mindestens: Erstens, weil sie unsere Liebe für Eintöpfe überhaupt nicht geerbt haben (sie scheint bei uns in einem schüchternen Chromosom versteckt zu sein), und zweitens, weil die Linsensuppe das vormittägliche Sonntagsprogramm krönte: Ein ausgedehntes Frühstück genossen sie sichtlich, nicht aber den ausgedehnten Spaziergang, der dann auf das Frühstück mit der Konsequenz und Regelmäßigkeit folgte, mit der gesundheits- und naturbewußte Eltern den Sonntag vormittag planen, nicht zuletzt ihren Kindern zuliebe. Ein leichter Regen reichte nicht, um uns auf den gesunden Spaziergang verzichten zu lassen, nein, es mußte regelrecht gießen. Viele Jahre später verrieten uns unsere Töchter, wie sie in jenen fernen Jahren sonntags beim Aufwachen als erstes danach guckten, ob es regnete. Tat es das in Strömen, freuten sie sich diebisch.

Unsere sonntägliche Linsensuppe kochte ich gleich nach dem Spaziergang oder wärmte sie einfach auf. Beides braucht nicht

lange. Nicht selten kochte ich die Linsensuppe schon vor dem Spaziergang, falls ich am Abend davor daran gedacht hatte, die Linsen einzuweichen. Je nach Sorte brauchen sie zwischen 30 und 45 Minuten Kochzeit. Und wieder aufgewärmt schmecken sie noch besser. Mir jedenfalls. Unsere Töchter waren nicht gerade begeistert, weder wenn die Linsen gerade gekocht waren noch wenn sie wieder aufgewärmt wurden. Sie nahmen es aber mit Fassung, wie sie sovieles mit Fassung nahmen, was ihnen an uns nicht paßte. Und sie erleichterten sich selbst und uns die Schwere der Lage, indem sie immer wieder den Reim rezitierten:

Erbsen, Bohnen, Linsen
bring'n den Arsch zum Grinsen.

Das tun sie, weil sie schwer verdaulich sind. Wie alle Hülsenfrüchte übrigens. Wegen der Hülse. Deswegen taten und tun wir einen guten Schuß Essig in den Teller Linsen. Das hilft. Abgesehen davon, daß es den Linsen einen fröhlichen Geschmack verleiht.

Hülsenfrüchte haben anscheinend einen sehr hohen Proteingehalt. Trotzdem tue ich gerne etwas *chorizo* und eine Scheibe nichtgeräucherten Speck in die Linsensuppe, wie auch Knoblauch, Zwiebeln, ein bißchen Tomate, etwas Sellerie, ein Lorbeerblatt, Salz und einen Schuß Öl. Alles kalt ansetzen. Langsam zum Kochen bringen. 30 bis 45 Minuten kochen lassen. Dabei ständig aufpassen, daß genug Wasser die Linsen bedeckt. Sonst brennen sie leicht an.

Linsen teilen gerne den Topf mit Kartoffeln und auch mit Reis, was beides allerdings erst nach einer Weile in den Topf hineinkommt.

An Gewürzen kriegen sie bei mir höchstens ein paar Pfefferkörner. Jahrelang mied ich bei den Linsen den Pfeffer wie der Teufel das Weihwasser, nachdem eine es sehr gut meinende Freundin meiner Frau uns zu einem Winteressen einladen und karrenweise Pfeffer in eine Linsensuppe hineingekippt hatte, wodurch der vorzügliche Rotwein, den wir beigesteuert hatten, nur noch feucht schmeckte.

Linsen, wie alle Hülsenfrüchte, die ich kenne, sind höchst dankbare Geschöpfe. Sie vertragen sich im Grunde mit jedem Fleisch und mit jedem Gemüse.

Neulich beim Linsenkochen sinnierte ich über das Wort Hülsenfrüchte. Merkwürdig, was die Deutschen alles Früchte nennen. Hülsenfrüchte und Meeresfrüchte. Bei mir erweckt das Wort Früchte automatisch die Assoziation Obst, Obst, das am Baume hängt: Vor mir sehe ich einen Baum, an dem, neben Kirschen, Zwetschgen oder Äpfeln, auch Hülsen- und Meeresfrüchte hängen: Erbsen, Linsen, Bohnen, Kichererbsen, Muscheln, Garnelen, Kraken und ein munteres Meeresvolk hängt an den Zweigen, und wir brauchen bloß das alles abzupflücken. Sehr praktisch. Vielleicht schafft es eines Tages die Gentechnologie.

Daß ich immer wieder beim Linsenkochen über Esau sinniere, wird jeder halbwegs Bibelkundige ohne weiteres verstehen.[9] Dabei kann ich dem Esau beinahe folgen, denn für eine gute Linsensuppe kann man schon einiges aufs Spiel setzen. Bloß, ganz ernst hat er das mit dem Erbrecht sicher nicht gemeint. So nehme ich es dem Jakob sehr, sehr übel, daß er diese Schwäche seines älteren Bruders schamlos ausgenutzt hat. Die Geschichte, auch die «heilige», hat wirklich sehr wenig mit Moral zu tun, schon eher mit Hülsenfrüchten. Kein Wunder, daß auch sie uns zum Grinsen bringt.

XXXII. Der Gradmesser der Entwicklung

«Sind die Deutschen tatsächlich so intelligent?» fragte mich der Busfahrer und wandte dabei seinen Kopf leicht nach hinten, halb nach rechts und halb nach oben, denn halb in seinem Rücken, oben-rechts, saß ich, wortwörtlich in der ersten Reihe, und freute mich wie ein kleines Kind mit neuen Schuhen, wie ich mich jedes Mal freue, wenn es mir gelingt, die zwei vorderen Plätze eines Überlandbusses zu ergattern, von wo aus die Landschaft wie von einem fahrenden Balkon aus zu genießen ist.

Wir fuhren nach Bilbao. Zurück war jenes paradiesische Tal geblieben, das der junge Ebro im Morgennebel hatte versinken lassen. Acht Tage und acht Nächte hatten wir im Paradies verbracht. Jetzt galt es, in die vom Sündenfall gezeichnete Welt zurückzukehren, zurück nach Babylon. Wir fuhren durch Dörfer, die allmählich zu Kleinstädten wurden und immer entschiedener das babylonische Bilbao ankündigten. Wir waren die einzigen Fahrgäste, die eine längere Strecke fahren wollten. Die anderen stiegen in diesem Dorf ein und im nächsten wieder aus. Der Bus, der den vertrauten Stern trug, federte himmlisch. Meine Frau nickte beim dritten Dorf ein. Der Fahrer war kommunikativ, und mir war auch nach Kommunikation zumute. (Meine Frau formuliert es schärfer: Sie meint, allmählich entwickle ich mich zu einem regelrechten Schwätzer. Es muß am Alter liegen...)

Zweieinhalb Stunden sollte die Fahrt dauern. Daraus wurden dann knappe zwei. Auch daran spüre ich die Modernisierung Spaniens. Zu meiner Zeit gab es nur Verspätungen, jetzt gibt es gelegentlich Verfrühungen. Schon sehr bald hatte ich dem Busfahrer verraten, wir würden von Bilbao aus nach Deutschland zurückfliegen. «Sind die Deutschen tatsächlich so intelligent?» hatte mich gleich der Busfahrer gefragt. Es klang nach einer reinen Informationsfrage, obwohl eine leichte Skepsis nicht zu überhören war. «Technisch sind sie sehr begabt» – antwortete ich – «aber intelligent..., was ist schon Intelligenz?» Auf die rhetorische Frage gab der Fahrer keine Antwort, aber er war sichtlich erleichtert.

Er führte seine Gedanken nicht aus. Er sagte nur: «Eben, was ist Intelligenz?» Und ich schraubte den Gedanken eloquent eine Drehung weiter: «Genau, was ist Intelligenz?» Wir nickten und fühlten uns wohl in unserer Komplizenschaft. Von der Schwere unserer Gedanken beeindruckt bis erdrückt, schwiegen wir eine gute Weile. «Was hast du eigentlich gemeint?» fragte ich mich selbst, während wir eloquent schwiegen, und grübelte ungezügelt über die Frage, was Intelligenz sei. Merkwürdig! Mir kam als erstes das Essen in den Sinn. Eher das Kochen, das Kochen als Kunst und als Zeichen von Intelligenz. Nicht die Wissenschaft und Technik, nicht die Philosophie und nicht einmal die Schriftstellerei. Nein, gerade das Kochen. Merkwürdig und beinahe alarmierend. Fast müßte ich den Kontakt zu Spanien wieder einstellen, denn er fördert die ohnehin überzogen gastronomische Orientierung meines Denkens zu sehr. Sei's drum, sagte ich mir und beschloß, mich später mit diesem alarmierenden Symptom zu befassen. Vorerst wollte ich dem freien Flug meiner Gedanken folgen, während der Busfahrer und ich eloquent schwiegen. Ganze Gedanken, aber auch Gedankenfetzen flatterten vor mir rum:

— Was die menschliche Intelligenz von der der anderen Tiere unterscheidet, ist nicht der Gebrauch von Werkzeugen, denn das schaffen auch andere Tiere, nein, was uns von den anderen Tieren unterscheidet, ist die Zubereitung von Speisen... Oder?

— Folgerichtig ist die Gastronomie der Gradmesser der Entwicklung spezifisch menschlicher Intelligenz...

— Folgerichtig ist die Verflachung des gastronomischen Verhaltens ein klares Symptom für die Verflachung menschlichen Denkens...

— Folgerichtig ist jener Nachbar von mir, der behauptet, jede Zeit, die man zum Kochen verwende, sei auch verschwendet...

— Folgerichtig, wer das Essen nicht auf das Futtern reduziert, beweist dadurch eine höhere Intelligenz...
— Folgerichtig, wer das Kochen nicht auf die Technik reduziert, sondern es zur Kunst entwickelt, beweist dadurch eine noch höhere Intelligenz...
— Und das alles gilt sowohl für die Individuen als auch für die Gesellschaften...
— Natürlich meine ich damit Spanier und Deutsche.
— Natürlich räche ich mich damit für die Unterlegenheit der Spanier in Sachen Technik.

Damit schloß sich der Kreis, der mit meiner Antwort angefangen hatte, Deutsche seien zwar technisch sehr begabt, aber intelligent...

Mir kam jenes Sauflied in den Sinn, das wir Kinder gerne und sehr laut nachsangen:

En La Rioja no hay tranvía
tampoco tenemos metro,
pero tenemos un vino
que resucita a los muertos.

Für des Spanischen Unkundige:
In der Rioja gibt keine Straßenbahn,
eine U-Bahn haben wir auch nicht,
aber einen Wein haben wir,
der die Toten zum Leben erweckt.

Eben! Und so einen Wein haben die Deutschen nie und nimmer.

Eine Bemerkung von Unamuno, einem im Jahre 1936 gestorbenen spanischen Philosophen, der sogar in Deutschland seine Fangemeinde hatte, gesellte sich zu meinen flatternden Gedanken: Irgendwo in seinem Buch «Vom tragischen Lebensgefühl» schrieb er, Schopenhauer wäre gewiß auf optimistischere Gedanken gekommen, wenn er statt Bier Wein aus Valdepeñas getrunken hätte. Mir ist es zwar unverständlich, wie Unamuno dabei ausgerechnet auf den Wein aus Valdepeñas kam, aber über Geschmack...

Von alledem verriet ich unserem Busfahrer gar nichts. Als würde er in meinen Gedanken lesen, brach er sein eloquentes Schweigen und erzählte mir von dem erbärmlichen Fraß, den er irgendwo in Deutschland bekommen hatte, als er mit einem Bus voller Spanier bis Hamburg gefahren war. Ich ging aber nicht darauf ein, denn ich hielt es für unter meinem Niveau, nationale Vorurteile zu bestätigen.

Von Bilbao nach Frankfurt flogen wir wider Erwarten mit der Lufthansa. Die Fluggesellschaft mit dem mageren Kranich schien mir eine besondere Freude machen zu wollen: Die Maschine war nagelneu, das Essen miserabel. Quod erat demonstrandum: Was es zu beweisen galt.

XXXIII. **Die Olivenbaumgrenze**
«Sie als Spanier?»

Jawohl, ich als Spanier mußte erst 55 werden, um zwischen Olivenbäumen spazierenzugehen. Oliven und Olivenöl gehörten schon in der Kindheit zu meinem Alltag, aber die kamen aus dem tiefsten Süden, aus jenem Andalusien, das mir nur vom Flamenco und von den Immigranten her bekannt war, aus jenen fernen Provinzen, wo die Menschen zu viel tanzten und sangen und zuwenig arbeiteten, bis sie zu uns nach Norden kamen und bei uns arbeiten lernten. Nie ganz so wie wir, allerdings. Koreaner nannten wir sie. Warum, das hat mir bisher niemand erklären können. Sie waren dunkler als wir, gewöhnlich auch etwas kleiner, und sie sprachen mit einem Akzent, der sie schon beim ersten Wort als Fremde entlarvte, mit einem frivolen Akzent, der sinnlich wahrnehmbar bewies, daß sie nicht ganz so ernstzunehmen waren wie wir, die wir ja das richtige Spanisch mit dem richtigen Akzent, akzentfrei versteht sich, sprachen. Halbe oder gar ganze Zigeuner waren sie alle, asoziales Volk, immer zu Späßen, selten zu Leistungen aufgelegt. Zigeuner oder gar Mauren, schwer zu entscheiden, welche Herkunft niedriger.

Fast tausend Kilometer in Vogelfluglinie trennten uns von Andalusien. Unüberbrückbar, autolos wie unsere Familien alle waren, die lediglich einen Bus oder einen Zug bestiegen, um in einem höchstens 60 Kilometer entfernten Dorf einer Hochzeit oder einer Beerdigung beizuwohnen, alles im nördlichen Kastilien. Meine Kindheit verbrachte ich im oberen Ebrotal an der Grenze zu La Rioja und zum Baskenland. Getreide, Wein und Gemüse vom Besten, aber keine Spur von Olivenbäumen.

Wann ich den ersten Olivenbaum gesehen habe, weiß ich nicht mehr genau. Es muß Ende der sechziger Jahre gewesen sein, zu einem Zeitpunkt als der Olivenbaum an wirtschaftlicher Bedeutung verloren hatte, denn, daß Olivenöl ungesund sei, galt als medizinisches Dogma, während das übelriechende Sojaöl angeblich gesünder, auf jeden Fall billiger war. Heute gilt es als der medizinischen Weisheit letzter Schluß, daß das Olivenöl genau und gerade all jenen Krankheiten vorzubeugen vermag, die es in den sechziger Jahren angeblich verursachte. Heute. Damals vermieden Gesundheitsbewußte das Olivenöl und murrten: «Warum muß das besonders Schöne immer besonders schädlich sein?!»

An wirtschaftlicher Bedeutung hatte das Olivenöl in den Sechzigern und Siebzigern eingebüßt, dafür aber an poetischer und an politischer Bedeutung entschieden gewonnen, denn ein junger Sänger hatte es gewagt, ein Gedicht von Miguel Hernández, einem verdammten, gleich nach dem Bürgerkrieg im Gefängnis gestorbenen Dichter, auszugraben, zu vertonen und auch noch öffentlich zu singen, nicht allerdings in Spanien, sondern im verdorbenen, verrufenen Paris, ein Gedicht über die Andalusier und die Olivenbäume: «Andaluces de Jaén...» Im verdorbenen, verrufenen Paris war die Platte aufgenommen worden, und einige besaßen jene legendäre Schallplatte von Paco Ibáñez, und jeder von uns kannte einen Freund, der einen Freund kannte, der die Platte besaß. Andächtig lauschten wir in dicht verschlossenen Räumen:

Andaluces de Jaén,
aceituneros altivos,
decidme en el alma quién,
quién levantó los olivos.

Andalusier aus Jaén,
ihr stolzen Olivenbauern,
sagt mir im Vertrauen, wer hat
die Olivenbäume hochgezogen.

Dreißig Jahre später gehe ich in Andalusien, einige Kilometer von der Provinz Jaén entfernt, zwischen Olivenbäumen spazieren, und das alte Lied des verdammten Dichters bricht immer wieder aus mir heraus, mitten in dieser Landschaft, andächtig aber angstfrei: Ja, wer zieht die Olivenbäume hoch, jene bescheidenen Individualisten, die sich vorne und hinten und rechts und links von mir erheben, bescheiden in der Größe, bescheiden in der Farbe, bescheiden in der schwarzen, glänzenden Last, die in diesem Herbst die Bäume kaum belastet, denn das Wasser wollte und wollte nicht fallen?

Soweit das Auge reicht, und hier reicht das Auge sehr weit, die Schönheit der gewundenen Stämme, la hermosura de los troncos retorcidos. Mit meiner Frau zusammen versuche ich ein deutsches Wort für diese *troncos retorcidos* zu finden. Gewundene ist zuwenig. Knorrig ist zu eichig. Verdreht, gekrümmt, gezwirnt bietet mir mein Lexikon an. *Los troncos retorcidos*, jene dunklen, verdrehten, ja gequälten Stämme, altes, verdorrtes, gequältes Holz, aus dem überraschend, schüchtern, überrascht grüne Zweige sprießen. Die uralte Metapher des Olivenzweiges wird mir neu und frisch und durchsichtig: Normalität, Fruchtbarkeit, Friede.

No los levantó la nada
ni el dinero ni el señor,
sino la tierra callada,
el trabajo y el sudor.

Nicht aus dem Nichts entstanden sie,
nicht das Geld und auch nicht der Herr zog sie hoch,
es waren die stille Erde,
die Arbeit und der Schweiß.

La tierra callada, die stille Erde, ist hier keine Metapher: weiße, braune, rote stille Erde, wie die Olivenbäume auch stille Bäume sind, deren Zweige sich kaum im Winde biegen, überhaupt nicht im Winde rauschen.

La tierra callada, die stille Erde, eine Erde, die schweigt, obwohl sie uns die ältesten Geschichten Europas erzählen könnte. Im Gegensatz zu dieser stillen Erde ist unser Kellner von Anfang an gesprächig. Er erzählt uns, die Phönizier hätten die Olivenbäume nach Andalusien gebracht. Unser Kellner spottet:

«Nach dem EG-Beitritt frohlockten alle: ‹Jetzt endlich sind auch wir Europa!› Unsinn! Wir sind Europa! Die anderen sind dazu gekommen.»

Schon am ersten Morgen empfiehlt uns unser Kellner zum Frühstück ein getoastetes halbiertes Baguette mit Olivenöl. «Unser Olivenöl gilt als das beste der Welt.» Ich kenne zwar nicht sämtliche Olivenölsorten der Welt, aber es mag stimmen, daß das Olivenöl von Baena, einem Provinznest in Córdoba, das beste der Welt ist. Ich ritze das Brot mit der Gabel ein und gieße tropfenweise das beste Olivenöl der Welt drüber. Und das Wunder geschieht: Der alte Zauber ist wieder da. Seit meiner Kindheit hatte ich diese einfache Geste nicht mehr gewagt, aus Angst, die halbe Ekstase, die ich jedesmal erlebte, wenn ich an die mit Olivenöl beträufelte Scheibe Brot meiner Kindheit dachte, würde sich als kindliche Seifenblase entpuppen. Immer wieder hatte meine Mutter abgewehrt, wenn ich sie besuchte und mir eine Scheibe Brot mit Olivenöl wünschte, zu einer Zeit, als die Notzeiten vorbei waren:

«Ach was, vergiß es! Eine Scheibe Brot mit Öl hat dir so gut geschmeckt, weil wir nichts Besseres hatten.»

Da Mütter selbst dann Recht zu haben pflegen, wenn sie nicht Recht haben, hielt ich mich an ihren Rat und ließ meine Finger weg vom Brot mit Öl, aus Angst, meine Kindheitserinnerung zu entzaubern. Auf manchen Toast hatte ich schon immer wieder Knoblauch oder gar Knoblauch und Tomate gerieben, um darüber etwas Olivenöl zu gießen, und ich hatte es genossen, aber an die extreme Einfachheit einer Scheibe Weißbrot mit Olivenöl, ohne was dazu, weder Salz noch Zucker, weder Knoblauch noch Tomate, hatte ich mich nicht mehr gewagt. Bis unser Kellner, ein kleiner, eher rundlicher Dreißiger, der Nähe und Würde auf eine selbstverständliche Art und Weise zu kombinieren wußte, ein Kellner, mit dem wir angeregt über Max Weber, Mounier, Bergson, Ortega y Gasset und Unamuno diskutierten, uns an jenem hellen, kühlen Morgen am südlichsten Zipfel Europas sagte:

«Darf ich Ihnen etwas empfehlen?»

«Aber sicher!»

«Getoastetes Baguette mit Olivenöl.»

Wir aßen davon, und mein Kindheitstraum erwies sich nicht als kindliche Seifenblase. Wir aßen davon und wurden süchtig. Und kein eifersüchtiger, perverser Herrscher vertrieb uns aus dem Paradies.

Ein Freund erzählt mir, die Araber hätten in ihren Eroberungszügen immer an der Olivenbaumgrenze halt gemacht, nur dort, wo sie Olivenbäume züchten konnten, hätten sie sich niedergelassen. Sehr kluge Menschen, diese Araber, wenn es stimmt. Und wenn es nicht stimmt, verdient es zu stimmen.

Nicht ganz so klug wie jene Araber war ich anscheinend, als ich mich vor 25 Jahren in diesem olivenbaumuntauglichen Land niederließ. Meine Frau erzählt mir, in ihrer Kindheit wäre das Olivenöl nur in Apotheken zu kaufen gewesen. Jetzt ist es in jedem Supermarkt zu kriegen. Ein klares Zeichen dafür, daß dieses Land allmählich europäisiert wird. Ein plausibler Grund dafür, weitere 25 Jahre in diesem Land zu bleiben.

Anmerkungen

1 Camilo José Cela: San Camilo 1936, Madrid 1969, S. 242
2 Brillat-Savarin, Psychologie des Geschmacks, Insel-Verlag 1979, S. 17.
3 Früchtel, Ingrid: Das große Vollkorn-Backbuch. München: Gräfe und Unzer.
4 *Jamón serrano* ist ein spanischer, luftgetrockneter Schinken mit einem sehr feinen Geschmack, der dann von einem herzhaften Brot überdeckt wird.
5 *Manchego* dürfte inzwischen vielen ein Begriff sein, denn unter dieser Bezeichnung wird dieser vorzügliche Käse aus *La Mancha* auch in Deutschland immer häufiger angeboten. Sein würziger Geschmack macht ihn mit dem Eigengeschmack eines herzhaften Brotes konkurrenzfähig.
6 Chorizo ist eine von mir immer wieder erwähnte spanische Wurstsorte, die hier als Paprikawurst gilt.
7 Pan integral: Vollkornbrot
8 Wer den Begriff sämig sinnlich begreifen möchte, sollte unbedingt Heinrich Bölls Erzählung lesen: Monolog eines Kellners, erschienen in: Erzählungen 1950-1970, Verlag Kiepenheuer & Witsch, Köln 1972. Allerdings offenbart Böll in dieser Erzählung einen ganz anderen Geschmack als meinen, denn das Gericht, worüber er in dieser Erzählung höchst genüßlich schreibt, ist ausgerechnet eine Erbsensuppe.
9 1. Mos. 25, 21 ff.